반려견과 행복한 삶 만들기

이 책을
반려견과의 행복한 삶을 위해 애쓰시는
천 만 반려견주들께 바칩니다.

반려견과 행복한 삶 만들기

초판 1쇄 발행일 2020년 3월 2일

지은이_목영길
감수_신덕상, 손동영, 이재술
삽화_최현희

펴낸이_조현곤
펴낸곳_도서출판 희소
편집/교정_이대영
표지 디자인_황재호

주소_경기도 고양시 일산동구 장항로 217
전화_02-817-5505 팩스_031-908-2885

ⓒ 목영길, 2020

* 이 도서의 무단 전재나 복제 행위는 저작권법 제98조에 의해 처벌받습니다.

반려견과 행복한 삶 만들기

목영길 지음

도서출판 희소

시작하며…

　저자는 가끔 눈을 감고 원시시대, 고대, 중세, 근대, 현대로 여행을 떠납니다.
　인간이 직립보행을 시작하고 도구를 이용하면서 동물을 지배하며 살았을 것입니다. 그 동물 중에 지금의 개는 원시시대의 늑대 중 일부가 인간과 공존하며 살면서 진화하여 현재의 개가 되었습니다.

　수렵생활을 하던 시기, 인간이 먹고 남긴 음식을 먹으려고 늑대가 인간의 무리로 접근하게 되었고, 짖어서 위험을 알리고, 사냥에 도움이 된다는 사실을 깨달은 인간은 늑대의 새끼를 키우기 시작했을 것입니다. 사람을 잘 따르는 늑대를 번식시키고 기르는 과정에서 현재의 개가 만들어질 수 있었을 것입니다. 이렇게 인간과 개는 고대부터 서로에게 이익을 줌으로써 공생해왔고 현재까지도 반려동물이라는 인연으로 삶을 함께하고 있습니다.

　현재의 한국도 반려동물들이 각 가정마다 분양되어 남녀노소에게 사랑을 받고 있고 그 수는 약 1000만 마리로 추정되고 있습니다. 또한 10년 전부터 반려동물 시장은 급성장하여 각 기업에서 반려동물의 사료, 간식, 물품 등이 대거 시중에 판매되고 있습니다. 그러나 한국사회는 시장성에 비해 인간과 반려동물이 함께하는 삶에 대한 교육과 홍보가 매우 부족한 상황입니다.

예를 들어 반려동물을 기를지 말지 갈등하면서 분양을 받는 경우 오래지 않아 반려견을 유기할 확률이 높습니다. 이렇게 갈등을 하면서 분양을 받기보다 스스로의 시간과 경제적 여력을 살피면서 분양을 받고, 이후에는 애완견이라 생각하여 애지중지만 할 것이 아니라, 교육과 훈련의 과정을 거쳐서 반려동물과의 공존하는 삶을 살도록 노력해야 합니다. 이에 저자는 마음이 급한 대로 반려견과 공존하는 삶 속에서 올 수 있는 현상들을 이 책에 담고자 합니다.

특히 반려동물과의 삶 속에서 종속자증후군 등의 문제가 일어날 수 있습니다. 그러한 문제들로 인하여 반려동물에 대한 유기, 방임, 분노 등 다양한 일들도 일어나게 됩니다. 그렇기 때문에 이 책에서는 반려견과의 삶 속에서 오는 여러 가지 문제점을 되짚어보고, 극복할 수 있는 방법들을 어린이와 어른들이 접근할 수 있도록 삽화와 함께 구성하였습니다.

앞으로 한국의 반려견주들을 위해 다양하게 독자님들에게 다가설 것을 약속드립니다.

사회복지학박사 **목 영 길** 올림

집필 배경...

    한국사회는 2000년을 기점으로 고령화사회로 접어들었고, 반면에 가족들이 옹기종기 모여 살던 대가족들이 핵가족화되면서 비혼 남녀, 독거노인 등으로 구성된 1인 가구와 무자녀 부부, 노부부 등으로 구성된 2인 가구 등이 늘고 있습니다. 이러한 현상들로 인하여 외로움, 우울, 빈둥지증후군 등으로 고통받고 있는 세대들이 늘어나고 있는 실정으로, 이러한 고통들을 달래기 위해서 반려동물을 입양하는 가구 수가 기하급수적으로 늘어나는 것이 현실입니다.

    하지만 반려동물의 입양만 늘어나고 있는 것이 아니라 유기하는 경우 또한 너무 많은 수치로 늘고 있다는 것이 안타까운 현실입니다. 한편 반려동물복지의 선진국인 독일은 반려동물을 입양하기 위해서 일정 시간 입양을 위한 교육을 받고 자격증을 취득해야만 입양할 수 있고, 그 자격은 경제적인 여유와 반려동물에게 활용할 시간적 여유가 있는 사람에게 부여하고 있습니다.

    이에 반해 우리나라는 반려동물을 살 수 있는 돈만 있으면 바로 입양할 수 있는데, 이것은 우리나라에서는 반려동물 입양에 있어서 어떠한 제재도 없다는 뜻이기도 합니다.

    저자는 예전에 반려동물에 대한 다큐멘터리를 본 적이 있습니다. 어느 공보 수의사가 유기견을 포획한 후 며칠간 밥을 주며 보살피다가 안락사시켜야 할 때가 되자, 자신을 보면 꼬리를 흔들며 반기는 유기견을 안락사시키는 것은 사람으로서 도저히 할 수 없는 일이라면서 울먹이는 모습을 보았습니다.

이러한 참담한 상황을 방지하기 위해서는 한국사회도 반려동물을 끝까지 책임질 수 있는 자격이 있는 사람만이 입양을 할 수 있어야 합니다. 또한 늙은 개, 장애가 있는 개, 암에 걸린 개라고 해서 그것이 안락사의 기준이 될 수는 없다는 독일의 반려견주 인터뷰를 보면서 한국사회는 언제쯤 저렇게 될 수 있을까 하는 부러운 생각마저 들었습니다.

반려동물을 하나의 인격 개체로 보아야 하지만 사람의 일방적인 생각에 따라 단지 애완동물로 취급하고 공생개념의 반려동물로 생각하지 않는 것이 문제로 작용하여 반려동물 학대로 발전되기도 합니다. 이때 학대를 하는 것은 반려동물에게 훈련과 교육도 시키지 않은 인간의 지나친 기대에서 기인된다고 생각합니다.

한국사회에서 유기는 흔한 일입니다. 입양인이 처음 입양할 때의 마음가짐으로 반려동물과 공존할 수는 없을까라는 마음에서 '반려동물과 행복한 삶 만들기'를 쓰게 되었습니다.

이 책을 통하여 반려동물과 함께 웃을 수 있는 이야기들을 쓸까 합니다.

이 책을 통하여 반려동물에 대한 인식이 바뀌고, 학대가 없어지기를 바라는 마음이 간절합니다.

C·O·N·T·E·N·T·S

1 인간과 반려동물이 공존해야 하는 이유

1. 반려동물의 개념 및 의의 • 16
2. 반려동물의 유래 • 18
3. 반려동물의 종류 • 19
4. 반려견에 대하여 • 21
   1) 반려견의 종류 • 21
   2) 반려견의 수명 • 22

2 반려견의 행동수정

1. 반려견의 사회화 • 24
2. 기본훈련 • 25
   1) 앉아 • 25
   2) 엎드려 • 26
   3) 기다려 • 27
   4) 이리와 • 27
   5) 손 달라고 하기 • 27
3. 산책하기 • 29
4. 마구 짖을 때 • 30
5. 무인성 산책 • 31
6. 먹이를 줄 때 • 32
7. 배변훈련 • 33
8. 반려견이 깨물 경우 • 34
9. 반려견이 땅을 팔 경우 • 34

10. 반려견이 자신의 꼬리잡기 • 35
11. 반려견이 길에서 아무거나 입에 넣을 경우 • 36

3 반려견의 몸짓을 이용한 표현

1. 하품하기 • 38
2. 시선 돌리기 • 38
3. 입술 핥기 • 39
4. 온화한 눈, 눈 깜박이기 • 39
5. 돌아서기 • 40
6. 곡선을 그리며 다가가기 • 40
7. 몸 털기 • 41
8. 마킹 • 41
9. 페니스 돌출, 생식기 체크 • 42
10. 날카로운 긴장 상태일 때 • 42

4 종속자증후군

1. 종속자증후군의 개념 • 44
2. 종속자증후군의 사례 • 46
   1) 가족 중에서 견의 서열이 가장 높아진 경우 • 46
   2) 반려견의 배변을 위해서 반려견주가 종속되어 있는 경우 • 48
   3) 산책 시 반려견주가 반려견에게 끌려 다니는 경우 • 50
   4) 반려견에게 규칙적으로 간식을 갖다 바치게 된 경우 • 51
   5) 역효과가 생긴 배변훈련 • 53

C·O·N·T·E·N·T·S

6) 반려견이 짖는 민원 때문에 이사를 해야 하는 경우 • 55
7) 간식을 달라며 반려견주를 괴롭히는 경우 • 56
8) 예뻐만 해 준 반려견으로 인해 오히려 곤란해진 경우 • 57
9) 심하게 짖어대는 반려견 Ⅰ • 58
10) 심하게 짖어대는 반려견 Ⅱ • 60
11) 반려견주에게 뒤처리를 해달라는 반려견 • 62
12) 산책 나가자고 재촉하는 반려견 • 63
14) 반려견주가 배변을 도와줘야 하는 반려견 • 65
15) 새로운 반려견의 등장에 우울해하는 기존 반려견 • 67
16) 반려견주와 반려견의 주객전도 • 69
17) 반려견주를 자꾸 무는 반려견 • 71

5 애니멀 커뮤니케이터

1. 인간과 반려동물과의 공생 • 74
2. 애니멀 커뮤니케이터의 역할 • 74
3. 한국에서의 애니멀 커뮤니케이터 • 76

6 반려동물 학대

1. 반려동물 학대란 • 80
   1) 신체적 학대 • 81
   2) 정서적 학대(언어학대) • 83
   3) 유기 및 방임 • 85

7 반려견 마사지 기초
1. 마사지 효과 • 88
2. 마사지 실습 • 90

8 펫 로스 증후군
1. 펫 로스 증후군의 개념과 해결 방안 • 04
2. 반려견을 떠나보내는 슬픔 • 96
   1) 집을 나간 초코 • 96
   2) 죄책감과 상실감 • 98

9 반려견에 대한 궁금증
1. 반려견 훈련, 위탁 훈련이 좋을까, 방문 훈련이 좋을까 • 102
2. 반려견의 중성화와 불임 시술은 하는 것이 좋은가 • 104
3. 반려견을 사랑하는 문화인은 목줄 대신 가슴줄을 이용한다. 과연 맞을까 • 106
4. '세상에서 가장 똑똑한 개 순위'는 믿을 수 있을까 • 108

" 반려견과 함께하는 행복한 삶을 위하여
사랑하는 마음이 중요합니다. "

1

인간과 반려견이 공존해야 하는 이유

1. 반려동물의 개념 및 의의

반려동물(companion animal)은 '짝 반(伴)', '짝 려(侶)'를 써서 '사람의 짝이자 인생의 동반자가 되는 동물'이라는 의미이다. 현재 한국사회에서 반려동물이라는 용어로 바꿔 부르고자 하는 분위기이지만, 아직까지는 사랑할 애(愛), 희롱할 완(玩)을 써서 애완동물(pet animal, 사랑하여 가까이 두고 보거나 다루면서 즐기는 동물)이라고 많이 부르기도 한다.

반려동물이란 용어는 1983년 10월 27일부터 28일까지 오스트리아 빈에서 열린 '인간과 애완동물의 관계'를 주제로 하는 국제 심포지엄에서 등장했다.

반려동물의 의의는 삶의 동반자로서 인간의 삶의 질 향상에 필요한 존재이고 인간에게 유익을 주는 여러 역할들을 할 수 있다는 것이다. 반려동물과 활기차고 보람 있게 생활함으로써 인간들은 활기찬 생활을 하게 되는데 그중 노인들은 '반려동물 기르기'라는 소일거리를 얻게 되고, 반려동물과의 산책을 통하여 건강에 유익을 얻기도 한다. 또한 반려동물을 안아 주거나 쓰다듬어 주는 것만으로도 인간은 안정감을 얻기도 한다.

추가적으로 대표적인 반려동물 중 개를 예로 들자면, 원시시대부터 인간이 야생에서 살던 개를 키울 때에 개는 인간에게 위협적인 짐승들이 다가오는 것을 날카롭게 짖어댐으로써 위험을 알렸다. 개는 인간이 먹다 남아 부패할 수 있는 잔반을 처리해 줌으로써 전염병을 예방하는 역할도 했다. 이외에 현대사회에서는 대표적으로 반려동물을 통한 활동, 놀이, 교육, 치료를 통해 인간이 유익을 얻을 수 있는 것을 예로 들 수 있다.

인간과 반려동물이 함께하는 즐거운 놀이는 반려동물의 사회화는 물론 인간의 사회화 형성에도 큰 영향을 준다. 서로의 스트레스를 해소시키고 움츠리고 있던 몸에 활력을 불어넣는데, 놀이로 긴장 완화와 관절이 굳는 것을 예방할 수 있게 되어 전신 운동이 될 수 있다.

초등학교와 특수학교 등에서는 반려동물을 이용하여 생명의 소중함을 깨닫게 할 수 있고, 장애인들에게 심신의 안정과 생명체를 배려하고 보호하는 마음과 생명의 소중함을 스스로 느끼게 해 주기도 한다.

반려동물을 통한 심리상담은 상담사와 내담자의 중간 역할을 해서 내담자의 경계심을 완화시키는 역할을 함으로써 상담의 효과를 훌륭하게 볼 수 있으며, 이로 인한 상담사의 공감능력을 향상시키는 주요한 역할을 한다.

2. 반려동물의 유래

　반려동물로 대표적인 개는 늑대와 유전학적으로 거의 비슷하다는 게 유전학자들의 견해이고 개의 조상은 늑대라고 단언을 해도 과언이 아니다. 개가 분포되었던 가설은 약 1만 5000년 전 동아시아를 시작으로 전 세계로 확산되었다는 것이 유전자 분석으로 판명되었다고 한다.
　한편 인간은 늑대가 새끼를 낳고 죽거나 다쳤을 경우에 새끼들을 기르기 시작했을 것이다. 온순하고 영리한 늑대들을 선별하여 번식을 시키면서 기르기 시작한 것이 지금의 개가 되었고 인간과 함께 공생의 길을 걸어왔다고 할 수 있다.
　서구에서는 18세기까지 개를 애완동물로만 여겨 애완견이 인간에게 그저 즐거움만을 주는 상대로만 생각했지만 차차 반려동물로 의식이 바뀌면서 인간과 함께 공생하는 개념으로 전개되어 현재에 이어지고 있다.
　또한 18세기 이전에는 부유층과 귀족 등 특권층만이 반려동물을 기르고 있었으나 그 이후부터 평민들에게도 반려동물을 기르는 것이 널리 퍼지기 시작했다.

3. 반려동물의 종류

개, 고양이, 토끼, 닭, 기니피그, 햄스터, 파충류 등 많은 종류의 반려동물이 있지만 세 가지만 간략하게 소개를 하겠다.

1) 개

인간과 늑대가 서로 도움을 서로 주기 시작한 원시시대부터 개의 조상들과 인간은 교감을 하며 지냈고 그 후 사육화가 되면서 지금의 개가 되었으며 현재의 반려동물이 되었다. 개는 후각과 청각을 통하여 새끼 때부터 타고난 유전성을 발휘하여 어미의 젖을 찾는다. 성견이 되면 실종자 수색과 범인 검거, 마약 탐지 등 사회에서 인간이 못하는 분야에서 활약하기도 하며, 한번 섬긴 주인에게 충성을 다하는 면도 있다.

2) 고양이

개가 인간을 위하여 훌륭한 일을 하지만 고양이도 농가 주택 등에서 쥐를 쫓거나 잡아먹기도 하고 날카로운 발톱으로 전원주택 같은 곳에 나타나는 뱀을 죽이기도 하는 등 인간을 위해 유익한 일들을 하고 있다.

개보다 스트레스는 잘 받는 편이지만 인간과의 교감이 잘 이루어지는 편이다.

3) 토끼

토끼는 초식동물인데 위장의 용량이 작아 한번에 많은 양을 먹지 못하여 수시로 풀을 뜯어 먹으며 사료로 음식을 주면 큰 탈이 없겠지만, 풀을 줄 때는 물기가 많지 않은 것이 좋다. 수명은 6년 정도이다.

위와 같이 여러 반려동물들이 있지만 우리는 사람들이 가장 많이 키우는 개에 대해서 알아볼 것이다.

알면 즐거운 반려견 상식

한국의 토종견

풍산개, 삽살개, 제주개, 동경이(경주개, 꼬리없는 개), 진돗개 등이 있다.

한국개는 유전적으로 늑대와 비슷하며, 특히 늑대의 유전적 특징을 가장 많이 가지고 있고, 혈통이 많이 섞이지 않아 유전학적으로 독창성을 가지고 있다.

한편, 동경이는 외향적인 특징은 꼬리가 없거나 짧은 것이다. 동경이의 유래는 경주의 옛 지명이던 동경에서 유래된 것으로 추정된다. 성격은 사람을 잘 따르고 온순하며, 사회화가 잘된 반려동물처럼 사람에게는 경계를 하지 않는 것이 다른 개와 비교되는 점이다.

4. 반려견에 대하여

1) 반려견의 종류

개는 인간과 그 어떤 동물보다 제일 먼저 공존하면서 지내왔는데 늑대는 인간이 먹고 남긴 잔반을 처리하므로 인간이 전염병을 예방할 수 있었고 늑대가 짖어댐으로써 인간에게 외부의 위협을 알려주는 이익을 줬다.

인간에게 충성심이 강한 개들의 조상은 사육을 통하여 개가 된 늑대로, 인간들이 하지 못한 일들을 해결해 주기도 하고 인간에게 길들여졌다. 길들여진 개들은 다양한 교배를 통하여 많은 종류의 개들로 번식하여 현재 우리와 함께 공생하는 다양한 종류의 반려견이 되었다. 세계애견연맹에 등록된 반려견은 340여 종이며, 전 세계적으로 등록이 안 된 수를 포함한다면 무려 800여 종이나 된다고 보고 있다.

대표적인 개의 종류는 다음과 같다.

- 사역견(번견)/워킹도그그룹: 세인트버나드, 사모예드, 아키타개
- 수렵견/하운드 & 테리어그룹: 닥스훈트, 비글, 테리어, 아프간하운드
- 조렵견/스포팅 도그 그룹: 레트리버, 스패니얼
- 애완견/토이 도그 그룹: 몰티즈, 치와와, 시추, 요크셔테리어
- 비조렵견/논 스포팅 도그 그룹: 불도그, 푸들, 달마티안

2) 반려견의 수명

개의 수명은 평균적으로 대형견은 10년, 중형견은 12~15년, 소형견은 15~20년으로 볼 수 있으나, 생활환경 및 식습관과 인간의 관심어린 양육에 따라서 평균수명이 달라질 수 있다.

때에 따라서 적절한 예방접종과 비만과 성인병을 예방하는 것이 평균 수명을 좌우할 수 있다. 현대는 수의학의 향상과 장비의 발전 등으로, 병의 진단과 예방으로 인간의 평균수명이 길어진 것처럼 반려동물 또한 평균수명이 길어질 전망이다.

반려동물은 인간에게 나타나는 1년의 퇴화와 비교하여 네 배에서 일곱 배 정도 빠르게 퇴화가 진행된다. 한편 소형견은 대형견에 비해 성견이 될 때까지는 빠른 속도로 성장을 하지만 성장 후 퇴화는 천천히 온다.

2

반려동물의 행동수정

1. 반려견의 사회화

반려견에게 사회화는 꼭 필요할까?

반려견의 사회화는 참으로 중요하다. 사회화가 잘되었다면 산책도 원활하고 반려견주와 그 가족 구성원들 간에도 윤택한 삶을 살 수 있는데, 반대로 사회화가 안 되었을 때에는 고집스럽기도 하고 방문객의 방문 시 맹견으로 변하여 통제가 안 될 정도로 짖기도 하여 윤택한 삶을 방해하기도 한다.

사회화의 때를 놓친 경우 산책을 하러 밖으로 데리고 나갔을 때에 두려움과 공포로 움직이지 않는 경우가 있고 몇 발자국을 움직였다가 자리에 털썩 주저앉는 경우도 있다. 집안에서만 길러서 사회화가 늦었다고 하여 포기해서는 절대로 안 되며, 끈기를 가지고 사회화를 시작해야 한다.

사회화를 시작하는 시기는 학자들마다 주장이 분분하지만 보통 1~3개월이 좋다고 한다. 사회화는 낯선 주변의 환경, 주변의 사람들, 처음 보는 개 등으로 만남을 시도해 봐야 한다. 3개월이 지난 시점부터는 사회화를 본격적으로 시행하여 낯선 개들과 우호적인 관계를 가질 수 있도록 하여 개가 늙어서 움직이지 못할 때까지 지속적으로 시행해야 한다.

2. 기본훈련

요즘 반려동물 행동 수정 전문가들이 많이 활동하고 있고, 반려견주에게 많은 가르침을 주기도 하지만, 반려동물의 기본훈련은 꼭 이렇게 해야 한다라고 단언할 수는 없다고 생각한다. 그 이유는 '어떤 개는 이렇게 했더니 말을 알아듣더라.'라고 하는 사람이 있는가 하면 '그렇게 했더니 안 되더라.'라고 하는 사람도 있기 때문이다.

'반려동물의 행동교육 및 수정은 천태만상'이라고 할 만큼 다양하지만 평균적으로 사용하는 방법들로 알아보도록 하겠다.

1) 앉아

'앉아', '손', '기다려'는 반려견의 기본훈련인데, '앉아.' 훈련을 처음 시작할 때 반려견의 엉덩이 부분을 눌러주면서 하는 방법이 있다. 엉덩이 부분을 누르면서 "앉아."를 반복적으로 시행하면서 어느 정도 훈련이 되었다고 여겨질 때부터는 엉덩이 부분을 누르지 않고, "앉아."라고 말로만 해도 반려견이 앉게 되는 방법이다.

다른 방법으로는 반려견이 서 있을 때 간식을 손에 쥐고서 반려견의 코 앞부터 시작하여 얼굴의 앞쪽을 지나 머리 뒤쪽으로 넘기다 보면 자연스럽게 앉게 되는데, 이 훈련을 몇 번 시행한 후 말로 "앉아."를 시도해 보는 방법이 있다. 기본적인 '앉아.' 훈련만 되었다면 다른 개에게 달려들거나 사람을 덮치는 일은 없을 것이다.

2) 엎드려

'앉아.' 훈련이 잘되기 시작할 때 '엎드려.' 훈련을 시작한다. '앉아.'가 잘되는 반려견에게 엎드리기 훈련은 어렵지 않다. 먼저 '앉아.'를 시킨다. 반려견주 손안에 간식을 쥐고 코에 간식을 갖다 대었다가 유인하여 반려견의 앞발 사이에 내려놓아 엎드릴 때까지 기다린다. 이렇게 반복적으로 시행하며 엎드리기를 할 때마다 칭찬을 해 주고 간식을 주도록 한다.

이후에는 "엎드려."라고 말하면서 위와 같이 진행한다. 이렇게 반복하여 숙달되면 반려견주가 "엎드려."라고 말만 해도 엎드리게 된다.

반려견을 엎드리게 하는 다른 방법은 간식을 통해 반려견주의 다리 밑으로 엎드려서 통과하게끔 유인하는 것이 있는데 다음과 같다.

먼저 변려견이 반려견주의 다리 밑으로 엎드려서 통과할 수 있게끔 자세를 취한 뒤 다리 밑 사이로 손에 간식을 쥐고서 반려견을 유인한다. 그러면 반려견이 간식을 보고 오게 되고, 간식 쥔 손을 다리 밑으로 천천히 통과시키면 반려견이 간식을 좇아 다리 밑을 통과하고자 엎드리게 될 것이다.

반려견이 엎드리면 칭찬을 해 주고, 위와 같은 방식으로 몇 번을 연습을 해서 잘 엎드린다면, "엎드려."라고 말하면서 같은 방법으로 연습을 한다. 그리고 나서는 "엎드려."라는 말만으로도 반려견을 엎드리게 할 수 있다.

3) 기다려

반려견에게 '기다려.'는 중요한 명령 중 하나로, 반려견주가 밥 또는 간식을 줄 때, 산책 중 지인과 만나게 되어 이야기를 나눌 때 등의 상황에서 반려견이 참지 못하고 부산스럽게 굴지 않도록 하는 데 필요하고 중요한 명령이다.

'기다려.' 명령으로 반려견이 참을 수 있는 버릇이 생기게 만들어야 하는데, 처음부터 너무 많이 기다리게 하는 것보다 조금씩 기다리는 시간을 늘려 나가는 것이 좋으며, 간식을 앞에 놓아두고 '기다려.'를 연습시키는 것도 좋은 방법이다.

4) 이리와

"이리와."라고 하는 것은 반려견주가 반려견을 부르는 지시인데, 부를 때는 온화하게 불러야 한다. 처음 '이리와.' 기본 훈련을 할 때 서서 부르는 것보다 앉아서 하는 것이 반려견의 훈련에 도움이 된다. 높은 자세로 부를 때 반려견은 오지 않을 수도 있기 때문에 차분하고 단호한 목소리가 좋다.

'이리와.'를 지시하고 반려견주가 본인의 급한 성격 때문에 기다리지 못하여 반려견 쪽으로 가서 안아 주거나 산책을 시도하면 추후에 '이리와.' 지시에 대해 반응을 안 할 수도 있으니 주의해야 한다.

5) 손 달라고 하기

　반려견에게 손을 달라고 하기는 단순한 기본 훈련 중에 하나이다. 행동수정 전문가들은 손 위에 간식을 놓고 보여 주었다가 주먹을 움켜쥐고 간식을 주지 않으면 반려견이 앞발로 주먹을 칠 때, 개의 앞발 한 쪽을 잡고 간식을 주는 방법을 소개하기도 한다.

　또 다른 방법으로는 반려견이 앉은 상태에서 반려견주가 자신의 앞다리를 들면서 "손." 하면서 반복적으로 손을 내밀기를 몇 번 하다 보면 반려견이 손을 주기도 한다. 손을 주었을 때 머리를 쓰다듬어 주면 반려견도 좋아한다.

3. 산책하기

　원활한 반려견과의 산책을 위해서는 노력이 필요하다. 입양 후 처음부터 반려견과 산책이 잘 이루어지는 것은 아니다.
　산책을 잘 진행하기 위해서는 산책할 때 반려견의 목줄을 잡고 반려견을 옆에 붙인 상태로 산책을 해야 하며, 줄은 팽팽하게 당겨진 상태보다 여유 있는 상태가 좋다.
　산책할 때는 반려견과 눈을 맞추지 않은 채 걸어야 하며 말도 걸지 말아야 한다. 반려견이 반려견주가 가고자 하는 반대 방향으로 갈 때에는 목줄을 잡아당겨 본인이 가고자 하는 방향으로 인도해야 한다. 이때 반려견은 기분 나쁜 기색을 한다. 하지만 반려견주가 가고자 하는 방향으로 반려견이 안 가면 나쁜 일이 일어난다고 인식하여 반려견주의 방향으로 오게 된다.
　산책을 할 때에는 될 수 있는 한 인도나 풀이 없는 공원에서 하는 것이 좋으며 혹여나 풀밭이나 잔디밭에 반려견이 들어갔다면 산책 후 목욕을 시켜주는 것이 좋다. 야생 진드기에 감염되지 않도록 해야 하며 발바닥을 관찰하여 못이나 가시에 찔렸는지도 세심히 살펴보는 것이 좋다. 야생 진드기 감염 예방약을 복용시키는 것도 좋은 방법이다.

4. 마구 짖을 때

방문객이나 일가친척들이 방문할 때 반려견이 마구 짖어대면 반려견주는 그야말로 난감하게 된다. 이때에는 반려견을 큰 소리로 혼내거나 다른 곳에 가두기보다는 반려견의 등 뒤에서 반려견을 끌어안아서 뒷다리는 앉히고 앞다리는 세운 상태로 자세를 고정시킨다. 그런 다음에 주둥이를 잡고 반려견의 주둥이가 돌아가는 방향으로 움직여 주면 된다.

그러나 자주 오는 사람에게 반복적으로 짖어댄다면 일시적인 방법보다는 근본적인 방법을 찾아야 한다. 방문객이 거실로 들어올 때 반려견과 눈을 마주치지 말아야 하며 방문객으로 하여금 손바닥으로 거실에 체취를 남기면서 그 자리에 간식을 하나씩 놓도록 한다. 이렇게 놓은 간식을 반려견이 먹으면서 방문객이 나에게 해가 되는 사람이 아니라는 것을 차차 인지하도록 하면 결국은 방문객을 보고 짖지 않게 된다.

5. 무인성 산책

무인성 산책은 집안 곳곳에 간식을 조금씩 놓아두고서 반려견이 간식을 먹기 위해 집 안을 다니며 산책을 하게끔 하는 것을 말한다.

반려견은 산책을 하면서 다른 개나 동물과 만났을 때, 서로 냄새를 맡고 상호교감을 하여 각종 정보를 파악한다. 또한 주변의 사람들, 사물들, 자연 및 주거 환경을 접하면서도 마찬가지이다.

그래서 산책은 단순히 개가 바깥 구경과 운동을 하는 시간이란 의미를 넘어 사회화를 배우는 시간으로 매우 중요하기 때문에 부득이하게 바깥 산책이 힘들어 집 안에 있을 때에도 무인성 산책을 자주 시켜주는 것이 좋다.

6. 먹이를 줄 때

반려견에게 주는 먹이는 어미젖을 떼고 난 후에는 하루에 세 번을 주고, 3개월 후부터는 두 번을 주고, 6개월 뒤부터는 하루에 한 번만 주도록 한다. 밥은 적당한 것이 좋으며 식사와 간식을 너무 많이 주지 말아야 한다.

반려견은 사람이 사는 공간에서 함께 생활하기 때문에 그만큼 활동양도 적다. 반려견이 인간과의 동거 이후에 생겨난 단점을 든다면 활동량이 줄어든 것이다. 다시 말하면 비만과 콜레스테롤이 높아질 수 있다는 것인데, 비만 예방을 위해서도 적당한 식사량으로 조절해야 한다.

항상 사람이 먼저 식사를 하고 난 뒤에 반려견에게 식사를 주어야 하고 식사는 시간을 정하지 않고 무작위로 줌으로써 반려견의 식사가 전적으로 반려견주에게 달려 있다는 것을 알도록 한다. 반려견들의 습성은 서열을 중요시 여기기 때문에 반려견주가 서열이 상위라는 것을 일깨워 주기 위함이다.

7. 배변훈련

반려견을 입양한 후에 해야 할 일이 배변훈련이다.

처음에는 반려견의 집과 배변을 볼 수 있는 용기를 함께 두는 것이 좋다. 배변용기에 소변이나 대변을 보지 않고 다른 곳에 본다면 배변용기 패드에 배설을 묻혀두어 그 냄새를 맡고 배변용기에 배변을 보도록 유도한다.

배변훈련이 끝났다면 반려동물의 집과 배변용기를 멀리 놓는 것이 좋으며 배변 후에는 칭찬을 해 주는 것이 좋다.

배변훈련이 안 되고 훈련이 더디다고 해서 절내 야단치거나 소리 지르면 안 되며 배변을 못 가린다고 해서 화를 내면 반려견은 변을 보는 자체로 혼나는 줄 아는 엉뚱한 오해를 해서 자기 변을 먹는 식분증 행동을 나타내기도 한다. 반려견이 배변훈련이 잘 안 되었더라도 끈기를 가지고 시켜야 한다.

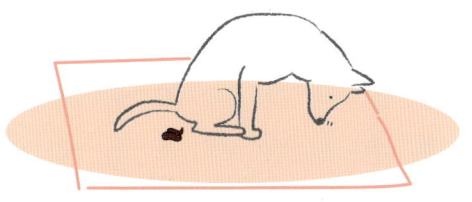

8. 반려견이 깨물 경우

어린 반려견을 안거나 쓰다듬을 때 반려견주의 손을 살짝 깨무는 경우가 있다. 이것은 반려견이 응석부림, 친근함, 사랑을 표현하는 것으로 나쁜 의도가 있는 것은 아니다. 또는 유치가 영구치로 바뀌면서 잇몸이 가려워 무는 경우도 있다.

하지만 야생늑대의 유전자를 물려받은 반려견이 습관적으로 물다가 무의식적으로 세게 물 경우도 있으니, 약하더라도 반려견주의 손을 무는 행동은 바로 고쳐 주어야 한다. 이때, 분명하게 '안 된다.'라는 뜻에서 반려견의 주둥이를 잡고 마음대로 상, 하, 좌, 우로 움직이면서 '난 너보다 서열이 높은 주인이야.'라고 인식시켜 주는 것이 효과가 있다.

9. 반려견이 땅을 팔 경우

반려견이 흙으로 된 땅을 파는 것은 자연스러운 본능이다. 반려견은 심심하거나 좋아하는 간식, 장난감을 숨기는 등 다양한 이유로 땅을 파기도 하는데, 땅을 파는 게 재밌어서 파기도

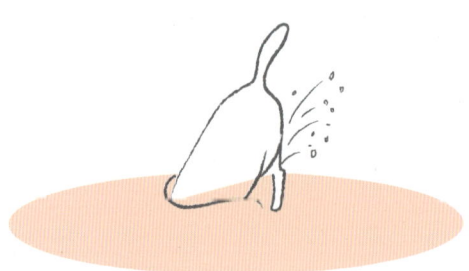

하지만 산책을 자주 못하거나 스트레스를 받아서 이를 해소하고자 땅을 파기도 한다.

또한 더워서 몸을 식히기 위해 땅을 파기도 한다. 사람이 느끼기에도 주변이 지나치게 덥다면, 목욕을 시키거나 햇빛 가리개를 설치해 주거나, 냉방기를 켜서 더위를 해소시켜 줄 필요가 있다.

10. 반려견이 자신의 꼬리잡기

반려견이 자신의 꼬리를 잡기 위해 계속 원을 그리면서 빙글빙글 도는 경우가 있는데 이것을 보는 사람도 어지러울 때가 있다.

반려견이 자신의 꼬리를 잡기 위해서 빙빙 도는 것은 여러 가지 원인이 있다. 반려견이 흥분했을 때, 반려견 자신이 빙빙 도는 것을 주인이 재미있어 하는 걸 보고 주인을 즐겁게 해 주기 위해서, 집안에만 갇혀 있어서 스트레스를 받은 경우가 원인이다.

빙빙 도는 것을 멈추게 하기 위해서는 반려견에게 산책을 시켜서 주위를 환기시키는 방법이 있다. 그리고 반려견이 꼬리잡기를 할 때 반려견주가 좋아하거나 웃지 않으며 무관심한 것처럼 보이는 것도 그 행동을 멈추게 하는 하나의 방법이 될 수 있다.

11. 반려견이 길에서 아무거나 입에 넣을 경우

개는 굳이 허기가 지지 않아도 호기심이 많아서 아무거나 냄새를 맡기도 하고 먹어 보기까지 한다. 그 대상은 길에 떨어진 음식물, 길가에 자란 풀 등이다. 간혹 풀을 먹은 후 토악질을 하는 경우가 있는데 그것은 장의 기능을 정상으로 전환시키려고 하는 것이니 그리 걱정하지 않아도 되지만, 구토가 지나치면 병원에 데려가야 한다.

또한 개는 반쯤 부패한 음식물에 강한 식욕을 느끼는 특이한 습성이 있다고 하니 개가 길가의 음식물 쓰레기 등에 가까이 가는 것은 자연스러운 것이다.

하지만 정체를 모르는 음식, 부패한 음식을 먹는 것은 대단히 위험한 것으로 목숨을 잃을 수도 있으니 먹지 못하도록 해야 하며, 불결한 음식이 반려견에게 어떤 치명적인 위험을 안겨줄지 알 수 없으므로 아예 가까이 가지 못하게 해야 한다.

반려견이 알 수 없는 것을 먹었을 때 반려견주 대부분은 당황해서 입 속에 들어 있는 것을 빼려고 애쓰는데 그런 모습을 보면서 반려견은 흥미를 느껴 더 아무 것이나 먹으려 들기도 한다.

그렇기 때문에 먹어보려고 달려들기 전에 반려견을 데리고 빨리 그곳을 지나쳐버리거나, 반려견을 불러 반려견주에게 시선이 집중되게끔 주의를 분산시켜 눈치채지 못하고 지나쳐버리게 하는 식으로 아예 피해가는 것이 좋다.

3

반려견의 몸짓을 이용한 표현

1. 하품하기

반려견은 긴장되거나 스트레스를 받을 때 하품을 하면서 이완되는 근육을 통하여 긴장감을 해소한다. 낯선 사람을 만난 경우, 낯선 사람이 다가와서 자신을 끌어안아서 불편하고 난감하지만 참으려고 하는 경우, 어떻게 행동해야 할지 판단이 서지 않을 때 하품을 한다.

또한 하품은 반려견 자신의 긴장감을 해소하기도 하지만, '당신을 불편하게 할 생각이 없으니 긴장 풀어요.'라는 의미로 상대방과의 마찰을 피하고자 하는 행동이기도 하다.

2. 시선 돌리기

반려견주가 반려견을 불렀을 때 시선을 다른 곳으로 돌릴 경우가 있다. 이것은 반려견주를 무시하는 것이 아니라 '나는 지금 불편해요.'라는 의미일 수 있다.

반려견주 또는 낯선 사람의 말과 행동이 불쾌하게 느껴졌을 경우, 말과 행동이 무슨 뜻인지 이해하지 못하여 어떻게 해야 할지 잘 모르겠는 경우, 지시를 들어주기 힘든 경우, 낯선 사람 또는 다른 동물이 반려견 자신의 영역을 침범한 경우, 반려견주 또는 낯선 사람의 뚫어져라 쳐다보는 시선이 부담스러울 경우에 시선을 돌릴 수 있다.

3. 입술 핥기

반려견이 혀로 입술만 핥는 경우가 있고, 입술뿐만 아니라 코까지 핥는 경우도 있다. 또한 '메롱'할 때처럼 혀끝만 살짝 보이는 경우도 있다.

낯선 사람 또는 다른 동물이 반려견에게 정면으로 다가올 경우, 눈을 마주칠 경우, 소리를 지를 경우, 낯선 사람이 자신의 머리를 만지는 등의 행동은 반려견의 입장에서 매우 무례하고 불쾌감을 주는 행동이다.

이에 따라 반려견은 긴장감을 해소하고 상대방에게 자신이 긴장하고 있다는 것을 알리기 위해 입술을 핥는다.

4. 온화한 눈, 눈 깜박이기

반려견이 온화한 눈으로 상대방을 바라본다는 것은 '난 너와 싸우고 싶지 않고 사이좋게 지내자.'라는 뜻으로 상대를 편하게 하려는 의도이다.

개들 사이에서는 정면으로 상대방을 바라보는 것이 매우 무례한 행동이며, 싸우자는 의미이기도 하다. 그래서 반려견은 다른 개와 마주쳐도 정면으로 다가가지 않고, 반려견주를 바라볼 때도 온화한 눈으로 바라보거나 고개를 살짝 옆으로 돌려서 쳐다본다.

또한 반려견은 눈을 깜박여서 '난 너와 싸우고 싶지 않아.'라는 것을 전달하면서 자신도 긴장 상태에서 진정시키고자 한다.

5. 돌아서기

 낯선 사람 또는 다른 개가 사납게 나오거나 이들의 행동에 불쾌함을 느꼈을 때, '난 너와 상대할 생각이 없다. 진정해라.'라는 뜻에서 아예 돌아선다. 이때 상대와 거리를 두고자 반려견은 상대를 안 보는 쪽으로 아예 뒤로 돌아서거나 자신의 옆모습만 보이게끔 옆으로 돌아서기도 한다.

6. 곡선을 그리며 다가가기

 개에게는 다른 사람 및 동물을 포함한 상대에게 정면으로 다가가는 것이 상대방의 영역을 존중하지 않는 무례한 행동이다. 그렇기 때문에 상대에게 다가갈 때, 상대의 정면이 아닌 옆으로 곡선을 그리며 항문 쪽으로 다가서면서 냄새를 맡아 상대에 대해 알고자 한다.

 사람도 마찬가지로 개에게 접근할 때 곡선을 그리며 접근해야 개가 스트레스를 받지 않고 편안함을 느낀다.

 그렇기 때문에 반려견주는 반려견과 함께 산책을 하거나 길을 걸어갈 때, 맞은 편에서 낯선 사람이 오고 있다면 반려견을 중심으로 머릿속으로 가상의 원을 그려서 그 안에 낯선 사람이 들어오지 못하게끔 곡선을 그리며 피해 가야 한다.

7. 몸 털기

개는 스트레스를 받거나 긴장감을 느낄 때, 자신을 진정시키기 위해 자신의 몸을 털어서 주의를 환기한다.

또한 잠에서 깼을 때 몸을 털며 스트레칭을 하고, 집안에서 혼자 쓸쓸히 있다가 반려견주가 집에 돌아왔을 때 몸을 털면서 혼자 있을 때의 긴장감을 해소하기도 한다.

8. 마킹

개가 하는 마킹은 소변을 보는 것이 일반적이지만 때로는 대변으로도 한다. 수컷은 쪼그려 앉거나 한쪽다리를 들어서 볼일을 보고, 암컷은 쪼그려 앉아서 볼일을 보거나 때로는 수컷처럼 한쪽다리를 들어 올려서 보기도 한다.

예전에는 자신의 영역을 표시해서 서열을 가리고자 마킹을 남긴다고 생각했으나 현재는 연구를 통해 마킹이 영역 표시보다는 자신의 정보를 남기고 상대방의 정보를 읽기 위한 상호 정보 교환이 목적일 것이라는 의견이 대두되고 있다.

9. 페니스 돌출, 생식기 체크

음식이나 장난감, 간식 등을 앞에서, 어린 수컷 강아지들은 긴장하거나 집중을 할 때 페니스의 끝 부분이 돌출되는 경우가 많은데 긴장하거나 뭔가에 집중하게 되면 일어나는 근육 변화로 인한 돌출이지 발정이 난 것은 아니다.

또한 스트레스를 받는 상황일 때, 몸을 굽혀서 자신의 비뇨생식기를 확인하거나 때로는 핥기도 한다. 비뇨 생식기에 이상이 있어서 하는 행동은 아니다.

10. 날카로운 긴장 상태일 때

반려견의 신경이 날카로워져 긴장감이 흐르는 상태일 때에는 일반적으로 귀가 바짝 서고 상대 쪽을 향해 앞으로 모인다. 견종의 귀 모양에 따라 차이는 있다.

또한 몸이 경직되고, 네 발을 꽉 움켜쥐고, 털이 솟아 있기도 한다. 꼬리는 견종에 따라 차이는 있지만, 꼬리를 높이 세운 채 빠르게 흔들거나 꼬리가 위로 곧게 세워진 상태에서 꼬리 끝이 머리 쪽을 향하는 깃발 모양이 되기도 한다.

4

종속자증후군 I

1. 종속자증후군의 개념

　한국사회에서 부모는 전통적으로 자녀들에게 받을 교육을 다 시켜주고도 살아생전에 또는 죽어서라도 유산을 남겨주려는 성향이 있다. 저자는 자녀를 매우 사랑하여 모든 걸 헌신하려는 이러한 성향이 한국사회의 부모가 자녀에게 행하는 관습적인 양육 방식이 아닌가 하는 생각을 한다.
　이러한 한국인들의 자녀를 기르는 관습적인 방식이 반려견을 기르는 반려견주에게도 그대로 적용되었으리라 생각한다.
　현대는 핵가족화로 자녀 한 명을 낳을까 말까 하는 시대라서 자녀가 해달라고 조르면 부모는 '이것은 잘못된 일이다.'라고 지적하면서도 안쓰러운 마음에 대부분 해 주는데, 이것은 부모가 종속자증후군에 걸린 상태라고 볼 수 있다.
　반려견주에게 나타나는 종속자증후군을 이해하기 쉽게 다시 말하자면, 사람 또는 반려동물 무리 속에서 잘못된 습관을 바르게 가르쳐야 하지만 안타까운 마음이 들어 고쳐주지 못해 반려동물의 못된 습관을 그대로 보고 있어야 하는 상황, 심지어 주인이 잘못된 행동에 동조하는 데서 오는 것이다. 종속자 증후군은 반려견을 애지중지하기만 하고 교육과 훈련이 전혀 안 될 때 나타날 수 있다.
　예를 들면 반려견주가 밥을 주었는데 반려동물이 더 달라고 보챘을 때 반려견주는 마지못해 먹을 것을 더 주면서도 반려견의 비만이 심해지는 상태를 걱정하는 것이다.
　또한 사람이 먹는 음식을 달라고 하기도 하고, 말썽을 부리기도 하며 밖에서 소리 나는 것에 반응하여 짖기도 하는 잘못된 습관들을 그대로 방치하는 것이다.

 반려견의 습성은 서열다툼인데 집안에서 반려견주와도 서열다툼을 하기도 한다. 훈련과 교육이 뒤따르지 않아 흔한 말로 버르장머리가 없는 강아지로 변해가기도 한다. 심하게 말하자면, 반려견으로부터 반려견주가 학대를 받는 것이라고 볼 수 있다.

 주객이 전도된 상태인 종속자증후군은 간단한 훈련을 통해서 벗어날 수 있고 이제 여러 예시들을 들어보도록 하겠다.

2. 종속자증후군의 사례

1) 가족 중에서 반려견의 서열이 가장 높아진 경우

가족 중에서 정해진 한 명의 보호자만을 주군으로 인식하며 나머지 가족들이 그 보호자 주변으로만 와도 공격성을 보이고 최악의 경우 물기까지 하는 경우(서열이 무너져 다른 식구들이 자기보다 서열상 아래라고 인식된 경우이다.)

➜ 해결 방안

 반려견들의 습성은 서열의 개념이 뚜렷하여 강한 주인에게는 늘 복종을 합니다. 그래서 반려견이 한 가정 내에서 복종을 한 사람에게만 하는 경우가 많은데, 이런 경우에는 가족 전체가 반려견에게 식사를 서로 번갈아가며 주도록 합니다.

 특히 공격성을 보이는 반려견에게는 하루 정도 식사를 제공하지 말고, 다음날에 늘 식사를 챙겨주던 사람이 아닌 다른 사람이 주도록 하는 것이 좋습니다. 또한 산책도 서로 번갈아가면서 시키는 것이 좋습니다.

2) 반려견의 배변을 위해서 반려견주가 종속되어 있는 경우

실내에서는 배변을 못하고 주인과 함께 외출을 해야만 배변을 하는 반려견으로 인해 반려견주는 항상 같은 시간에 들어와 산책을 시켜야 했다.

➜ 해결 방안

 반려견을 분양받은 직후부터 배변훈련을 시켜서 제대로 된 배변 습관을 들일 수 있도록 합니다. 배변을 실수하였다고 야단치거나 정서적 학대를 하면 안 됩니다.

 반려견이 소변이나 대변을 집안 아무 곳에나 배설했을 때 반려견주로부터 혼이 날 경우 '내가 아무 곳에다가 배설을 해서 혼났다.'라고 인식하기보다는 '내가 배설을 하니까 혼나는 구나.'라고 인식하여 배설을 하지 않습니다.

 따라서 집안 아무 곳에나 배설을 했다고 혼내는 것이 아니라, 배설 공간으로 유도하여야 합니다.

 또한 적절한 보상을 통하여 배설을 유도하여야 합니다.

3) 산책 시 반려견주가 반려견에게 끌려 다니는 경우

산책 시 반려견주가 반려견을 리드하는 것이 아니라 미친 듯이 달리는 것을 좋아하는 반려견의 성향에 이끌려 반려견주가 100미터 달리기를 하듯이 끌려 다니는 경우(그렇게 해야만 반려견이 얌전해졌고 그렇지 않으면 동네가 떠나갈 듯이 짖어댔다.)

➡ 해결 방안

산책 시 반려견주가 리드하여 산책을 해야 하지만, 반려견이 이리 뛰고 저리 뛰면 당혹스럽기도 하고 혹은 다른 사람들에게 달려 들까봐 염려도 됩니다. 이러한 반려견들과 산책을 하기 위해서는 가정에서 "앉아!", "기다려!"를 먼저 가르쳐야 합니다.

또한 산책 시에는 반려견이 가는 방향의 반대 방향으로 유도해야 합니다.

4) 반려견에게 규칙적으로 간식을 갖다 바치게 된 경우

새벽 일찍 출근하는 주인을 반려견이 마중하는 것이 예뻐서 간식을 조금씩 주기 시작했고, 그 이후부터 반려견은 그 시간만 되면 자연스레 쪼르르 달려와 마중을 하는 게 아니라 간식을 기다리는 것이다. 만약에 주지 않고 그냥 나갈 경우에는 다른 식구들이 줄 때까지 짖어댔다.

➔ 해결 방안

하루 종일 반려견과 함께하지 못하니 안쓰러운 마음이 들어 반려견주가 수시로 반려견에게 식사와 간식을 주는 것은 반려견의 비만과 성인병을 야기할 수 있습니다. 생후 50일까지는 하루에 세 번, 3개월 전까지는 하루에 두 번, 3개월 후부터는 하루에 한 번만 주면 되며 간식은 소량으로 주는 것이 좋습니다. 또한 간식은 보상의 개념으로 주는 것이 좋습니다.

5) 역효과가 생긴 배변훈련

배변훈련을 시킨다고 패드에 소변을 볼 때마다 간식을 주었는데 눈치 빠른 반려견은 역으로 한번에 보는 것이 아니라, 찔끔찔끔 소변을 보면서 반려견주로부터 간식을 얻어먹는 재미를 알았고, 더 나아가 패드에 소변을 보면서 짖으며 반려견주에게 보라고 사인까지 보냈다.

➜ 해결 방안

반려견주가 배변훈련을 시킨다며 반려견이 패드에 소변을 볼 때마다 간식을 주었더니 반려견에게 좋지 않은 습관이 생겼군요. 이 반려견은 아마도 배설 후 간식을 얻어먹는 훈련이 돼 있을 것인데 소변을 찔끔찔끔 누면서 간식을 얻어먹는 것에 재미를 붙이다 보니 그런 습관이 든 것입니다. 그렇다면 앞으로 배설 후에 간식을 안 주는 것이 좋을 것 같습니다.

패드에 배설하는 훈련은 이미 되어 있기 때문에 간식을 따로 주지 마시고요. 소변을 보면서 반려견주의 이목을 끌기 위해 짖는다고 하더라도 다른 일을 하는 것처럼 외면해보시는 것이 좋을 듯합니다. 그렇게 배변을 해도 간식을 주지 않는다는 것을 인지하도록 하는 것이 중요합니다.

6) 반려견이 짖는 민원 때문에 이사를 해야 하는 경우

공동주택에 살면서 반려견주의 외출 시 반려견에게 나간다는 인지를 시키지 않고 몰래 나갔더니 남은 반려견은 주인을 찾으며 1시간여를 짖는 일이 반복되었고 주민들의 시끄럽다는 민원이 빈번하게 발생하여 결국 이사를 갈 수밖에 없었다.

➜ 해결 방안

반려견이 짖는 민원 때문에 이사를 해야 하는 경우는 매우 난감한 상황이겠죠.

그렇다면 먼저 반려견주와 반려견이 함께 집 안에 있을 때 짖지 않도록 교육을 해야 합니다. 특히 여러 마리의 반려견을 기르다 보면 서열 싸움을 자주 하기도 하고, 약한 반려견은 호되게 당하여 고립되기도 합니다. 반면에 사나운 반려견이 고립될 수도 있습니다. 반려견주와 반려견이 함께 있어도 밖에서 소리가 나거나 벨이 울릴 때 요란하게 짖는 반려견이 집안에 있다면 먼저 반려견의 목줄을 채운 후 짖을 때마다 줄을 당겨 기분 나쁘게 해야 합니다. 이렇게 짖을 때마다 반복한다면 반려견이 짖는 것을 덜할 수 있습니다.

7) 간식을 달라며 반려견주를 괴롭히는 경우

반려견에게 밥을 챙겨 주었는데 또 간식을 달라며 반바지를 입고 있는 반려견주의 다리 위로 올라타서 긁어대어 마지못해 더 챙겨줌.

➜ 해결 방안

방금 밥을 주었는데 또 간식을 달라고 하는 반려견이 많습니다. 사람은 미주신경의 통제를 받아 배가 부르면 뇌에서 명령하여 식사나 간식을 안 먹게 되지만 반려견의 습성은 본능적인 식욕의 강함에 따라서 거식을 합니다. 특히 성장기의 반려견이 거식을 하는 경우가 많습니다. 적절히 식사를 조절하여 비만을 예방해야 합니다. 비만은 사람이나 반려견 모두에게 심장에 부담을 주거나 동맥경화의 원인이 됩니다. 막무가내인 반려견이 있다면 기본적인 "앉아.", "기다려.", "이리와."를 가르쳐 보세요.

8) 예뻐만 해 준 반려견으로 인해 오히려 곤란해진 경우

분양 받아서 새끼 때부터 키워서인지 예뻐만 해 주다 보니 과제를 하려고 노트북을 켰을 때에도 놀아달라며 무릎에 앉으려 했고 이를 제지하지 않으니 무릎에 앉다가 급기야는 자판을 건드려서 밤새 고생한 과제물을 날려버렸다.

➔ 해결 방안

반려견에게도 반려견 혼자의 시간을 줘야 하고 반려견만이 이용하는 집도 있어야 합니다. 특히 반려견의 유전자에는 자기를 방어하는 공간(둥지)이 필요합니다.

그래서 반려견을 분양 받을 때에는 너무 예쁘고 귀여워도 반려견을 손에서 놓기도 해야 하고, 사람과 달리 빠르게 성장하는 반려견이 반려견주와 함께 집 안에 있을 때, 반려견 혼자의 시간을 주어야 합니다.

특히 성장기 때 반려견주가 다른 일을 할 때에는 반려견을 품 안에서 내려놓아야 합니다. "안 돼.", "기다려."를 가르쳐 보세요.

9) 심하게 짖어대는 반려견 I

반려견이 택배기사 등 외부인이 집 안에 들어왔을 때 심하게 짖어대면 반려견주는 민망함을 느끼면서 반려견이 그만 짖게 하기 위한 고민을 한순간 하지만, 이후 안 짖고 가만히 있을 때에는 반려견을 예뻐만 하면서 심하게 짖는 것에 대해 그저 걱정만 하면서 산다.

➜ 해결 방안

이웃집 사람이나 자주 오는 일가친척 및 택배기사가 방문했을 때 반려견이 무차별적으로 짖어댄다면 난감합니다.

특히 자주 오는 일가친척 분들이 왔을 때, 상대방은 홀대받는 기분도 들 수 있습니다. 이런 경우 무인성 산책을 해 보는 것도 좋을 듯합니다. 개들의 습성은 낯선 사람이 오거나 자기를 위해할 것 같은 사람 또는 동물이 다가오면 짖는데, 특히 유난스럽게 짖는 반려견은 사회화가 잘 안 되어 있는 경우가 많고 사회화 훈련을 평생 시켜야 하는 경우도 많습니다.

무인성 산책이란 일가친척이 방문했을 때, 방문인은 짖는 반려견과 눈을 마주치지 말아야 합니다. 그리고 거실이나 방바닥에 친척의 채취를 남기면서 손바닥으로 그 자리에 간식을 놓습니다. 이런 과정을 올 때마다 반복한다면 방문하는 사람이 나를 해치는 사람이 아니고 기분 좋은 사람이라고 기억하여 짖지 않을 수 있습니다.

10) 심하게 짖어대는 반려견 Ⅱ

반려견과 산책을 나갔을 때 지나가는 사람이 깜짝 놀랄 정도로 심하게 짖어댔고 다른 반려견주와 함께 가고 있는 반려견과 마주쳤을 때에도 싸울 듯이 짖어대어 민망함과 미안함을 느껴 그 순간에는 반려견을 혼냈다. 하지만 이런 일이 나중에 또 반복이 되고 반려견주는 궁극적으로 어떻게 반려견을 고쳐야 될지도 모르겠고 고칠 시도조차 하지 못하여 그냥 지낸다.

➜ 해결 방안

반려견주와 산책을 하는데 다른 반려견주와 반려견에게 짖어대기도 하고 공격하기도 할 것 같다면 먼저 사회화가 덜 된 반려견 같습니다.

사회화가 안 되어 있는 반려견들은 본능적으로 반려견주와 자신이 주종 관계에 있는 것은 알지만, 산책 중 만난 다른 사람들은 자기를 해치는 사람으로 알기 때문에 산책 시 주의해야 합니다.

산책을 통한 사회화를 위해서는 길 한가운데로 산책하면 안 됩니다. 길의 한 귀퉁이로 산책을 해야 하며 다른 편에서 사람이 온다면 사람이 없는 곳에서 기다렸다가 다시 산책을 시작해야 합니다.

앞서 가는 사람을 따라서 산책하면 안 되며 반려견과 친숙한 반려견주의 가족 구성원과 함께 산책하는 것이 좋습니다.

11) 반려견주에게 뒤처리를 해달라는 반려견

　반려견이 어려서부터 배변을 볼 때 반려견주가 휴지를 들고 기다렸다가 뒤처리를 위해 닦아주고는 하였는데, 이제는 7세 성견이 됐음에도 배변을 한 후에 반려견주에게 엉덩이를 들이밀거나 한쪽 다리를 들면서 닦아 달라고 한다. 반려견주는 그때부터 배변 뒤처리를 반려견이 스스로 잘 관리하도록 다시 교육을 시키려했지만 어려움을 느끼고 있다.

➜ **해결 방안**

　반려견의 배설 문제는 가정에서 문제가 됩니다. 반려견이 어렸을 때뿐만이 아니라 성견이 되었을 때에도 뒤처리 문제로 고민하시는 반려견주들이 많은 것으로 알고 있습니다. 반려견주가 반려견의 뒤처리를 위해 곁에서 항상 있는 것도 아니고요.

　배설 문제에는 반려견의 뒤처리가 안 된 상태에서 안아 주다가 반려견주의 손이나 옷에 변이 묻을 경우가 해당되겠지만, 위 사례에서 말하는 문제는 반려견이 반려견주로부터 뒤처리 받는 것을 아주 당연한 것처럼 행동을 한다는 것이겠죠.

　이때에는 반려견이 배설하고 난 뒤에 반려견주는 뒤처리를 해 주지 말고 모르는 척을 하고 있다가, 시간이 지나 반려견이 스스로 배설한 것을 잊어버렸을 쯤에 한번 해보도록 하세요.

12) 산책 나가자고 재촉하는 반려견

　외출을 매우 좋아하는 반려견이 외출을 하고 싶으면 반려견주의 손을 박박 긁고 현관문 앞에 먼저 가서 신호를 보낸다. 반려견주가 이를 못 본 척하면 다시 와서 반려견주의 손을 긁기도 하고 심지어 아플 정도로 팔을 때리기도 한다. 참다못해 외출을 시켜줬고 이후에도 자기표현을 하는 반려견이 신통해서 긁고 때리는 신호를 보내면 외출을 시켜줬다. 이제는 밤낮없이 나가고 싶으면 긁고 때린다. 가끔 사연을 모르는 이들은 반려견주에게 "왜 손에 상처가 많냐"고 묻는다.

🡆 해결 방안

　후지이 사토시란 일본 훈련사 양성교장은 "반려견에게 규칙적으로 산책을 시키고 식사를 주는 것은 반려견 스스로가 반려견주보다 서열이 위라고 여기게 되는 나쁜 버릇을 남길 수 있다."고 한다. 저자 또한 그럴 수 있겠다는 생각이 든다. 그래서 규칙적으로 산책을 하지 말고 아무 때나 산책을 하여 주종관계에서 반려견주가 항상 위에 있다고 인식시켜 주어야 한다. 그렇게 하는 것이 반려견을 위한 방법이다. 또 반려견에 대한 바른 교육으로 반려견주가 신체적 학대를 받는 것을 예방해야 한다.

14) 반려견주가 배변을 도와줘야 하는 반려견

　반려견주는 반려견이 어렸을 때부터 안아서 소변을 보게 했다. 그런데 성견이 된 지금까지도 반려견주가 도와주지 않으면 소변을 참고 누지를 않는다. 반려견주가 약속이 생겨도 집으로 달려가 반려견의 소변을 뉘어주고 약속 장소로 가야 될 정도가 되었다. 행여 늦게 집으로 돌아와 소변을 보게 하면 얼마나 참았는지 사람보다 많은 양을 눌 때도 있다고 한다. 게다가 새벽에 소변이 마려우면 혼자 볼일을 해결하지 못하고 반려견주를 깨워 안아서 소변을 뉘여 달라고 조른다.

➜ 해결 방안

  이런 사례는 반려견을 너무 애지중지하기 때문에 일어난 일입니다. 반려견이 임컷인 듯하네요. 잘못된 습관이 든 상황인 듯하고요.

  소변은 신장에서 만들어져 방광으로 모여 배설하게 됩니다. 소변 주머니인 방광은 신축성이 뛰어납니다. 지금이라도 반려견주의 도움이 있어야만 소변을 보는 일을 멈추어야 합니다.

  처음에는 반려견주나 반려견이 힘들겠지만 무관심한 듯이 반려견을 대하세요. 반려견에게 배려가 지나치면 약이 되는 것이 아니라 반려견주와 반려견 모두에게 독이 될 수 있습니다.

  반려견도 사람처럼 배우면서 성장해야 하므로 반려견에게 가르쳐야 할 것과 배려해야 할 것은 구분해야 할 것입니다.

15) 새로운 반려견의 등장에 우울해하는 기존 반려견

반려견주로부터 무조건적인 사랑을 듬뿍 받은 반려견에게 어느 날 새로운 반려견이 등장했고, 기존 반려견은 반려견주의 사랑을 빼앗겼다는 상실감에 많이 힘들어하고 우울해하며 새로운 반려견과의 관계도 좋지 않은 경우

➜ 해결 방안

 반려견주가 분양을 받아 사랑을 듬뿍 준 반려견은 반려견주와의 애착관계와 신뢰가 많이 형성되어 있습니다. 이렇게 형성된 애착관계는 반려견주와 반려견 모두에게 안정감을 줍니다. 이때 여러 이유로 반려견을 한 마리 더 분양받거나 입양하게 되면 먼저 분양 받아서 기르던 반려견의 행동이 예사롭지 않은 경우가 많습니다.

 반려견주와의 애착관계가 무너진다고 생각하여 엉뚱한 행동을 할 수 있습니다. 예를 들어 새로 들여온 반려견을 물 수도 있습니다. 또한 나에게는 관심이 없고 새로 온 반려견만 애지중지한다고 생각해 밥을 못 먹게 하는 등 여러 가지의 돌발행동이 나타날 수 있습니다. 얌전한 반려견이라면 우울증도 올 수도 있습니다. 반려견이 서로 사회화를 통해 한 공간 안에서 교감할 수 있도록 배려와 관심이 필요합니다.

 특히 이성이 아닌 동성일 때 싸움이 자주 일어나므로 주의 깊은 관찰이 필요합니다. 먼저 분양되어 온 반려견에게 반려견주는 한동안 기존처럼 변함없이 대해 주는 것도 필요합니다.

16) 반려견주와 반려견의 주객전도

지극정성으로 반려견에게 원하는 대로 먹이를 주고, 산책을 가고, 목욕을 시켜주고, 잠도 같이 자는 등 헌신을 다했지만 반려견은 그런 반려견주를 자기보다 아래에 있는 종속자로 여기고 잘 따르지 않아 반려견주가 힘든 사례

▶ 해결 방안

전형적인 종속자증후군으로 볼 수 있습니다. 반려견은 사람처럼 유능한 머리를 가지고 있지는 않습니다. 사람은 부모의 헌신을 가슴 깊게 담고 살아가지만, 반려견은 그렇지 않습니다.

지금의 사례는 주종관계가 바뀌어서 생긴 일들입니다. 먼저 침대에서 반려견과 함께 자는 일이 없어야 합니다. 침대로 올라오려고 할 때 다른 곳에 가둬놓는 방법을 써서라도 함께 자는 일이 없어야 주종관계가 명확해질 수 있습니다. 식사는 한두 번 걸러서 줘야 합니다.

또한 소파에도 못 오르게 하여 반려견주가 개보다 우두머리가 되어야 합니다. 반려동물 특성상 주종관계가 명확해야 말을 듣기 시작합니다. 밥을 달라고 짖거나 떼를 쓸 때도 모른 척해야 합니다. 이렇게 서너 번을 하다 보면 반려견은 '내가 우두머리가 아니었구나.'를 인식합니다.

반려견은 반려견주가 강한 모습으로 자기를 이끌어 주기를 원합니다.

17) 반려견주를 자꾸 무는 반려견

반려견이 어렸을 때부터 반려견주의 손가락을 물었는데 이때에는 아프지 않고 귀여워서 야단치지 않았지만, 커가면서도 계속 손가락을 물었고 심지어 아프기까지 했다. '아야!'라고 표현을 해도 반려견은 그런 반응이 재밌는지 물기를 그만두지 않고 계속했고 반려견주는 이런 행동을 고칠 수 있는 방도를 몰라 속앓이를 하고 있다.

➜ 해결 방안

　반려견들의 습성은 물고 빠는 것에 대하여 유전적으로 타고 났을 것입니다. 위 사례를 보면 그 대상이 사람의 손가락을 무는 것으로 시작되었는데, 성장기 때 반려견은 이빨이 날 때 근질근질하여 의자나 목재 등을 물어뜯기도 합니다. 이때 반려견주는 반려견에게 닭 뼈처럼 생긴 장난감이나 동물 뼈 등의 장난감을 사줘서 이갈이를 시켜야 합니다.
　이런 훈련이 안 된 반려견들이 반려견주의 손을 물 수가 있습니다. 어릴 적에는 이빨도 다 자라지 않아서 안 아플 수가 있지만 성견이 물 때에는 이야기가 달라집니다. 반려견의 유전성은 죽은 사체의 뼈를 으스러뜨려 먹을 수 있는 힘이 있기 때문에 반려견주의 손가락이 상처를 입거나 심지어 절단이 날 수도 있으니 주의하셔야 합니다.

5

애니멀 커뮤니케이터

1. 인간과 반려동물과의 공생

　인간은 반려동물과 오랜 세월 동안 서로 공생하며 지내왔다.
　고대 시대의 원시인은 육식생활을 하면서 살아왔는데, 먹고 남은 동물의 뼈나 내장을 버리면 늑대들은 그것을 처리하였을 것이다.
　또한 늑대는 특별한 후각, 청각을 통하여 멀리서 인간을 위협하는 동물들이 다가오는 것을 감지하고 짖어댐으로써, 인간으로 하여금 방어 및 공격을 하거나 피신할 수 있도록 도왔으며, 이러한 늑대들이 오랜 세월이 흘러 현대의 반려견이 되었다고 한다.
　이렇게 고대시대부터 시작된 반려동물과 인간의 공생관계는 많은 이야기를 낳아 현대인들에게 전해졌다. 한국에서는 약 10년 전부터 반려동물 시장이 급성장하여 약 1,000만 마리 이상이 각 가정마다 분양되어 인간과 삶을 영위하고 있는데, 인간과 반려동물의 상관관계가 형성되어 반려동물이 인간에게 활력을 제공하여 인간이 외로움, 고독, 무기력에서 벗어나기도 한다. 이러한 큰 의미가 있는 반려동물이 늙고 죽으면 이를 키우던 인간에게는 자식을 잃은 정도의 상심을 안겨 주기도 한다.

2. 애니멀 커뮤니케이터의 역할

　한국은 전통적으로 가부장적인 사회이면서 대가족 형태로 살아왔는데, 현대에는 핵가족화가 급속도로 진행되면서 1인 가구, 노부부만 사는 노인 가구 등이 급증했고, 이들 중에는 외로움, 고독감을 호소하면서 이것의 극복 수단으로 반려동물을 분양받거나 입양하는 가구가 늘고 있다.

특히 2000년도를 기점으로 노인 가구가 늘고 있는 고령화 사회가 됐고, 2018년에는 젊은 부부들의 저출산 문제와 맞물려 고령화가 가속되고 있는 고령사회로 진입했다.

특히 1957년부터 1963년까지 인구가 폭발적으로 늘어난 시기의 베이비붐 세대가 노년기에 접어드는 2022년에는 외로움, 고독감, 빈둥지증후군, 우울 등으로 반려동물시장이 더욱더 성장할 것이다.

반려동물의 종류는 강아지, 고양이, 관상용 물고기, 심지어 뱀도 있을 정도로 사람마다 취향의 다양성을 보이고 있다. 그러나 우리가 반려동물이라 하면 인간과 동물이 서로에게 이익을 주는 공생의 개념을 이야기할 수 있어야 하는 것인데, 관상용 동물은 반려동물이기보다는 바라보는 취미에 더 가까울 수 있다. 여하튼 반려동물이건 관상용이건 어떤 형태로든지 외로움과 고독에서 벗어날 수 있다는 생각에서 반려동물 시장은 활성화를 맞이하고 있는 것이 분명하다.

한편 인간에 비해 반려동물의 수명은 훨씬 짧다. 함께 동거를 한 반려동물과 인생을 끝까지 함께하기란 불가능하다. 자식처럼 애지중지하던 반려동물의 아픔, 노령화, 죽음이 인간에 비해 빨리 오는 것은 엄청난 충격인데, 이러한 상황을 슬기롭게 넘기지 못하면 절망감, 자책감을 느끼고 더 나아가 우울증을 앓게 될 수도 있다. 우울증 상태가 지속적으로 진행되면 치매가 올 수 있으니 반려동물과 한평생 잘살아보겠다고 생각한 것이 오히려 반려동물의 죽음으로 인하여 인간에게 커다란 부작용을 가져올 수 있는 것이다.

그러나 애니멀 커뮤니케이터는 이러한 아쉬움과 안타까움을 감소시켜 줄 수 있다. 애니멀 커뮤니케이터는 인간이 반려동물이 살아 있을 때 반려동물과 교감을 나눌 수 있도록 도와주고, 반려동물이 죽은 뒤에도 교감을 나눌 수 있도록 도와준다. 즉, 인간에게 평소에 반려동물과의 안락한 삶을 알려주고 반려동물의 사후에는 반려동물을 편안하게 무지개다리(저승) 너머로 보낼 수 있도록 돕는 역할을 한다. 처음에 반려동물을 분양 받는 것부터 시작하여 반려동물과 교감을 나누는 것, 반려동물의 행동수정, 반려동물과 평상시 행복하게 지낼 수 있도록 하는 것이다.

독일에서는 반려동물을 분양 또는 입양하는 사람은 그에 상응하는 자격을 취득해야 승인을 받을 수 있는데, 한국에서는 반려동물에 대해 아직도 무분별한 분양, 유기, 학대가 자행되고 있기 때문에 반려동물의 선진국인 독일, 일본, 대만 등에서 보편화되어 있는 애니멀 커뮤니케이터의 활동을 한국에서도 적극적으로 해야만 하는 때가 된 것 같다.

3. 한국에서의 애니멀 커뮤니케이터

한국에서 고령화의 진전과 1인 가구의 급격한 증가로 현대 한국인에게 반려동물이 절실할 수 있다. 인류 과학기술의 진보로

로봇 동물이 등장하기도 했지만, 생명체인 반려동물과는 비교할 수 없는 것이다. 그러므로 반려동물가정은 앞으로도 지속적으로 늘어날 것이다.

미국의 정신의학자 퀴블러로스(Elisabeth Kübler-Ross)는 인간이 갑작스런 죽음을 맞이하게 되면 다섯 단계를 거친다고 하였다. 부정, 분노, 타협, 우울, 수용의 단계를 거친다고 하였는데, 반려동물의 죽음으로 실의에 빠진 인간은 "왜 하필 지금이야? 왜 하필 우리 강아지야?"라는 부정, 분노의 단계에 머물러 있다가 슬픔의 감정이 가라앉지 않아 고통 속에서 고립된 황폐한 삶을 살거나 삶을 포기할 수도 있다.

이러한 상황을 적극적으로 해결하려는 정부와 학계 단체가 아직까지 없다는 것이다. 아직 한국사회에서는 사랑하는 자식 같은 반려동물의 죽음으로 고통 받고 있는 가정이 얼마나 있는지에 관한 통계조차 없다.

애니멀 커뮤니케이터가 '펫 로스 신드롬'을 다뤄서 애석해 하는 인간에게 활력을 주어야 한다. 이에 애니멀 커뮤니케이터를 도입하여 인간과 반려동물이 행복하고 보람된 삶을 살 수 있게 하기 위해서 반려동물이 살아 있을 때의 교감을 통하여 행복한 삶을 만들어 주고 반려동물의 사후에는 반려동물을 무지개다리 너머로 떠나보낼 수 있도록 역할을 해야 할 것이다.

알면 즐거운 반려견 상식

반려동물 감정학대

정서적 학대(언어)와 혼동하기 쉬우며 반려견 동물을 창피주거나 많이 먹는다고 야단치기도 하고, 다른 집 반려견과 비교하거나 대 소변을 못 가린다고 마구 야단치기도 하며 반려견주의 감정기복을 반려동물에게 전가시키는 것을 반려동물 감정학대라 한다.

6

반려동물 학대

1. 반려동물 학대란

학대의 사전적인 뜻은 상대방을 혹사하거나 소홀히 대하는 행동 또는 위협하는 행동이다.

인간의 기준으로 볼 때 학대의 종류는 신체적 학대, 정서적 학대(폭언), 재정적 학대, 성적 학대, 유기, 방임, 자기방임이 있는데 그중에서 인간이 반려견에게 가하는 학대로는 신체적 학대, 정서적 학대, 유기, 방임으로 볼 수 있다. 예를 들어 신체 및 정서적 학대는 밥 시간이나 간식 시간이 아닌데 보채는 반려견을 때리면서 욕을 하는 것을 들 수 있다. 이러한 학대는 인간이 반려견을 잘 이해하지 못해서 발생하는 것이니 개에 대한 제대로 된 정보를 알고 예방해야 할 것이다.

한편으로 반려견에게 학대를 당하는 경우도 있다. 제때 잘라주지 않은 발톱, 사회화가 덜 된 상태 등의 잘 관리되지 않은 반려견에게 할큄과 물림을 당하는 경우가 있다. 또한 반려견주가 반려견을 불쌍히 여겨서 반려견이 하고 싶은 대로 놓아두었더니, 반려견주가 오히려 반려견에게 끌려다니고 버릇이 나쁘게 든 반려견으로 인해서 괴로움을 겪는 경우이다. 이 또한 적절한 교육과 훈련을 통하여 슬기롭게 대처해야 할 것이다.

또한 어떠한 경우라도 신체적 학대, 언어 학대, 유기, 방임을 해서는 안 되고 반려견을 분양받거나 유기견을 입양하는 반려견주들이 기본적으로 반려견을 사랑하고 함께 더불어 살아간다는 기본적인 인격이 되어 있어야 한다.

1) 신체적 학대

저자는 현재 살고 있는 아파트에서 10여 분 떨어진 곳에서 작은 농장을 가꾸고 있다. 이 농장에서 한국의 전통 개들 여섯 마리를 길렀었는데, 이 중에 '초코'라는 반려견이 현재 농장을 나가 돌아오지 않고 있다.

한편 석 달 전 경기도 양주 시에 있는 반려동물학대예방센터에 방문한 적이 있다. 이곳에는 약 170여 마리의 반려견이 있는데 대형견, 중형견, 소형견이 고루 섞여 있었다. 그 많은 반려견들이 거의 다 유기견인데 이들을 보면서 너무 가슴이 아팠다. 그중에 유독 내 눈에 띈 녀석이 있었는데 몰티즈 강아지였다. 이 녀석과 나는 눈이 마주쳤다. '너 참 예쁜 녀석이구나.'라고 칭찬을 해 주었고 다른 반려견은 외부 방문객이 오니 다들 짖고 난리였다. 이때, 다른 일을 하고 있던 담당 선생님께서 오셔서 나와 이런 저런 이야기를 나누었다. 그래서 나와 눈이 마주친 강아지에 대한 이야기를 하였는데 이 녀석은 한 번 입양되어 신체적 학대를 받은 상태에서 길거리에 유기되어 구출되었다고 한다. 자세히 보니 구조 당시 입은 철사로 감겨 있고 뒷다리 비골은 골절된 상태로 신고되어 학대예방센터에서 구조한 후 병원으로 후송하여 지금에 이른다고 한다. 입가에 철사로 감겨 있던 자국이 선명하게 보였다.

상태를 보니 가슴이 너무 아프고 '살아 있는 것이 기적이다.'라는 생각과 '인간의 탈을 쓰고서 어찌 강아지에게 이런 일을 벌일 수 있는 것인가?'라는 생각이 들었다.

※ 사람의 다리는 대퇴와 하퇴로 구분되는데, 대퇴는 하나의 큰 뼈로 구성되어 있고 하퇴는 경골과 비골로 나뉜다. 반려견 또한 마찬가지로 다리가 경골과 비골로 나뉜다. 경골은 본 뼈로 운동과 몸을 지탱하면서 많은 일을 하지만 비골 뼈는 보조적인 운동과 일을 하기 때문에 의학자들은 퇴화가 안 된 뼈라고 말하기도 한다.

이 강아지가 학대예방센터에서 지낼 때, 어떤 중년 여성이 이곳을 방문하였는데, 이 강아지를 입양하고 싶다고 하여 데리고 갔다가 약 2주가 흘러서 다시 데리고 와서 '집안에 시모님이 계시는데 몸이 아프셔서 더 이상 강아지를 기를 수 없다'라고 하면서 놓고 갔다고 한다. 나는 다시 이 강아지를 쳐다보았다. 신기하게도 이 강아지도 나를 쳐다보고 있는 것이 아닌가? 담당 선생님께 이 강아지를 안아볼 수 있겠는지 정중히 물어보았다. 그렇게 하라는 허락을 받고 유기견 우리 안에서 이 강아지를 데리고 나왔다. 덥석 안아 주었는데 눈물이 났고 '한 많은 이 강아지를 분양해서 행복하게 해 주어야겠다.'라는 생각이 들었다. 담당 선생님이 진짜 기를 자신 있냐고 물어보는데 나는 아무 말을 하지 않았다. 이렇게 신체적, 정신적 학대를 받은 이 강아지 앞에서 '잘해 줄 수 있다.'라고 말하는 것이 무슨 의미가 있겠는가 싶어서 대답은 안 하고 상처를 회복시켜 줄 생각만 했던 것 같다.

2) 정서적 학대(언어학대)

　정서적 학대는 학대를 당하는 사람이나 짐승에게 그 충격이 신체적 학대 못지않다.

　앞의 강아지에 대한 이야기를 더 하자면, 학대예방센터에서 강아지를 분양받기로 하고 학대예방센터에 문의하여 분양 날짜를 잡았다. 학대예방센터에서 이 강아지의 이름은 '기봉이'였다.

　'기봉이'는 분양되는 날에 학대예방센터에서 연결해 준 동물병원을 통해 건강검진을 받은 후 이후 나의 아파트로 함께 왔다.

　참 반가웠다. 분양된 '기봉이'는 밥도 잘 먹고 적응을 잘하는 것처럼 보였다. 첫날은 분양 후 12시간이 지나 소변을 보았고, 둘째 날은 소변을 보았으나 대변을 발견할 수가 없었다. 그래서 아내에게도 물어보았으나 대변 본 것을 못 보았다고 했다. 나는 '기봉이'를 안아서 입 냄새를 맡아 보았다. 입에서 변 냄새가 났다. 다시 '기봉이'가 대변을 본 흔적이 있는지 거실이나 방을 살펴보았다. 집에서 하루 종일 '기봉이'와 함께 있는 아내는 '기봉이'의 식분증에 난색을 표했다.

　'기봉이'는 식분증이 있어서 신체적 학대를 당하여 주둥이를 철사로 감고 뒷다리인 비골이 골절된 상태로 발견되어 학대예방센터를 통해 구출된 것이다. 두 번째로 분양되었던 곳도 식분증 때문에 포기하였을 것이다.

　나는 '기봉이'를 다시 태어난 강아지처럼 이름부터 '행복이'로 바꾸고 다시 훈련과 교육을 반복적으로 시켰다. 집에 있을 때나

잠을 잘 때는 '행복이'의 집을 침실 옆으로 가지고 와서 옆에서 자도록 하였다.

　새벽녘에 거실 쪽에서 소리가 나서 보니 '행복이'가 변을 보려고 한다. '행복이'가 눈치채지 않게 보고 있다가 변을 다 본 '행복이'에게 다가가서 쓰다듬어 주면서 간식을 주었다. 그렇게 반복적으로 하다 보니 변을 먹는 횟수가 줄고 산책을 나가서도 변을 본다. 변을 볼 때는 쳐다보지 말고 편안하게 변을 볼 수 있도록 해 주어야 한다. 식분증 문제 때문에 '행복이'가 얼마나 많은 신체적 학대와 욕설을 받았을까 하는 생각이 든다.

　분양 후 3개월이 지났다. 지금 '행복이'는 너무나 행복해 한다. 조카 녀석이 '행복이'가 보고 싶어 자주 놀러온다. '행복이'랑 장난도 하고 공놀이도 해 주고 '행복이'에게 "사람으로 말하면 너는 로또 맞은 거야."라고 말도 해 준다.

　참고로 식분증은 반려견이 자신의 변을 먹는 것이다. 반려견주가 이런 모습을 처음에 보면 기겁을 하는데 반려견에게 큰 문제가 있어서 그런 것은 아니다. 반려견이 먹은 사료가 다 소화가 되지 않은 채, 변에 섞여 배출되어 변에서 맛있는 사료 냄새가 나니 반려견은 먹기도 하는 것이다. 또한 호기심에서 먹기도 하고 먹는 것을 좋아하는 반려견이 사료, 간식 외에도 무엇인가를 더 먹고자 하다가 변을 먹기도 한다. 하지만 식분은 확실히 기생충에 의한 감염, 질병 발생을 유발하는 비위생적인 것이다. 이때 반려견주는 변을 먹는 반려견에게 소리를 지르거나, 때리는 것이 아니라 조용히 변을 치워주면 된다. 반려견이 볼일을 본 후에는 그대로 두는 것이 아니라, 빨리 치워 주면 효과가 있고 반려견이 변 냄새를 싫어하게끔 알약을 먹이는 방법도 있다.

3) 유기 및 방임

'행복이'는 식분증 행동으로 종합적인 학대를 받았다.

신체적 학대를 당한 피해로 주둥이 쪽을 미용해 주다 보면 참혹한 흔적들이 남아 있다. 염증 흔적, 상처 반흔이 남아 있는 것이다. 또한 신체적 학대를 하고도 상처가 있고 뒷다리가 골절되어도 치료해 주지 않았으니 이것은 방임에 해당된다. 잔인하게 신체적 학대를 한 사람에게 방임을 통한 학대는 대수롭지 않게 여겨졌을 것이다.

이렇게 방임은 단독으로 일어나기도 하지만 신체적 학대를 동반하기도 한다. 특히 식분증이 있는 반려견인 경우 굶기기도 하고 밥을 며칠에 한 번만 주기도 한다. 때로는 아픈 강아지를 그저 방치하기도 한다.

신체적 학대와 방임의 끝은 유기이다. 인간이 반려동물에게 행하는 마지막 학대가 바로 유기인데, 유기의 유형은 휴가철에 섬 등에 놀러가서 버리고 오는 경우가 있고, 학대예방센터에 몰래 두고 오는 경우, 으슥한 농가에 버리고 오는 경우 등 다양하다. 내가 입양한 '행복이'는 신체적 학대, 정서적 학대, 방임을 받고 마지막으로 유기를 당하였는데 불안과 고통의 그 세월을 어떻게 지냈을까 생각하면 마음이 아프다.

대표적인 예를 들어 식분증이 있다고 해서 밥을 안 준다든가 대변과 소변을 못 가린다 해서 욕설과 소리를 지르면 반려동물은 대변과 소변을 보지 않고 병이 들 수 있기 때문에 어떠한 경우라도 학대를 해서는 안 된다.

반려견이 반려견주의 손과 얼굴 등을 핥는 행위

반려견이 반려견주에게 복종을 하는 의미라고도 하고, 반려견주가 반가운 나머지 보이는 행위라고도 하는 등 여러 해석이 있다. 그러나 그 행동을 복종과 반기는 행위로만 보기에는 무리수가 있다. 일본의 반려동물 학자의 경우는 먹이를 달라고 하는 일종의 시그널이라고 정의하기도 한다.

예를 들면, 들개는 사냥한 고기를 자기가 먹고, 그것을 토해내서 사냥을 하지 못하는 새끼들을 먹인다. 들개새끼들이 어미의 입을 핥아 어미가 음식을 토해내게 하는 것을 들어 음식을 달라고 하는 시그널이라고 정의 내리는 것이다.

사실 반려동물의 한 가지 동작은 수십 가지에서 수백 가지의 의사를 표현하고 있기 때문에 반려견의 동작을 단정하기보다는 상황에 따라 이해하는 것이 옳은 것이다.

7

반려견 마사지 기초

1. 마사지 효과

인간이 건강을 유지하기 위해서 경락을 자극하는 마사지의 도움을 받듯이 반려견의 건강을 위해서도 마사지는 유용하다.

마사지에는 경락이란 말이 등장하는데, 경락은 한의학에서 사람의 건강 상태, 걸린 병에 대한 판단에 이용되는 개념이다. 이것은 인체의 기, 혈, 진액이 이동하는 통로이고 경맥과 낙맥을 총칭한 것이다. 경맥은 보다 심(深)층에 있고 낙맥은 보다 표(表)층에 복잡하게 퍼져 있다. 추가적으로 경혈은 경맥 위에 있는 혈 자리로써 이곳에 뜸, 부항, 침을 놓기도 하고 마사지로 자극하기도 한다.

반려견에게 마사지가 필요한 이유는 다음과 같다.

① 마사지는 혈액순환에 도움을 준다.
② 반려견주와 반려견 간에 정서적 교감을 나눌 수 있고, 반려견에게 정서적 안정감을 준다.
③ 반려견의 몸의 피로를 풀어준다.
④ 비수술적인 방법으로도 아픈 곳이 보다 빨리 회복되는 데 도움이 된다.
⑤ 반려견의 통증완화에 도움이 될 수 있다.

반려견에 적용시킬 수 있는 마사지의 방법으로 애완동물 마사지사 왕페이셴은 쓰다듬기, 비비기, 주무르기, 두드리기, 누르기를 주로 말한다.

마사지를 할 때에는 반려견을 옆으로 눕혀서 하는 것이 좋고 반려견의 근육 방향으로 천천히 부드럽게 쓰다듬어 주어야 한다. 거칠게 만지면 반려견이 기분 나빠하기 때문이다.

　그리고 반려견주와 반려견 간에 친밀감이 있어야 반려견이 마사지 받는 것을 받아들일 수 있으므로 반려견주는 마사지를 하기 전에 평상시에 반려견을 쓰다듬어 줄 필요가 있는데, 귀나 꼬리를 잡으면 싫어하니 유의해야 한다.

　추가적으로 반려견의 귀를 뒤로 젖혔을 때 양쪽 귀가 만나는 머리의 혈 자리를 손으로 시계방향으로 문질러주면 정서적으로 안정된다.

　또한 반려견은 네 발로 다녀서 위장이 복부에 안정적으로 위치해 있어 위장장애가 별로 없지만, 소화불량인 반려견에게는 시계방향으로 마사지를 해 주어야 한다. 마사지는 아침에 하는 게 좋은데 이때 장운동이 활발하기 때문이다.

2. 마사지 실습

1) 문지르기

마사지의 기본이며 머리에서 시작하여 꼬리 쪽으로 머리 쪽에서 앞다리 쪽으로 엉덩이 부위에서 뒷다리 쪽으로 시작하여 보통 10회 본격적인 마사지가 끝나고 나서도 10회 시행하는 것이 좋다.

문지르기 내지 쓰다듬기 10회

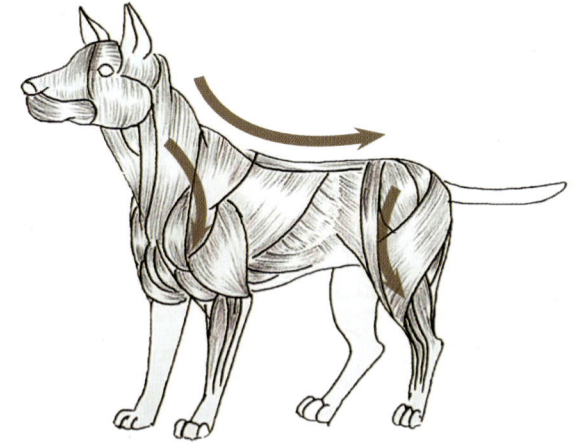

2) 원 그리기

검지와 중지를 이용해서 실시하며 견갑골과 넓적다리 근육들같이 큰 면적에 동그라미를 그리는 방식으로 시계방향으로 원을 그리는 방식으로 시행한다. 혈액순환과 근 긴장도 해소에 좋다.

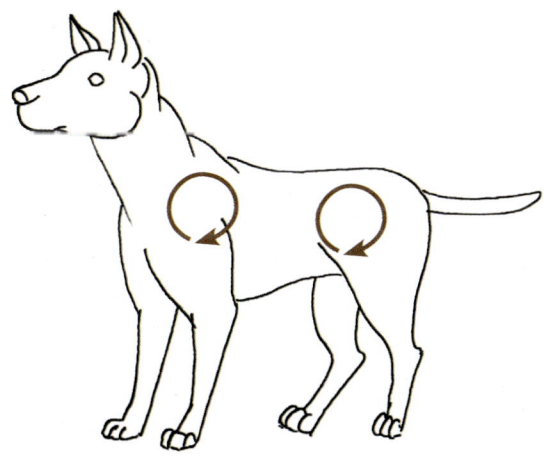

3) 주무르기

한 손으로 할 수 있고 양손으로도 할 수 있다. 다섯 손가락으로 피부를 쥐어 잡는다. 표피층의 혈액 공급을 돕고 피부의 탄력을 유지시키며, 근육을 이완하고 뭉치는 것을 방지한다.

4) 두드리기

손가락 안을 비운 상태로 근육을 두드린다. 이때 주의해야 할 점은 너무 세게 두드리면 반려견이 놀랄 수 있다.

5) 지압하기

엄지손가락으로 통증이 있는 부위를 꾹 눌러 준다. 이때 심하게 다친 경우나 골절상이 있을 경우에는 하지 말아야 한다.

알면 즐거운 반려견 상식

마사지 금기사항

임신견, 암견, 마비견, 식후 2시간 전 마사지를 하면서 금기해야 할 사항이 있다.
암(Cancer)에 걸린 반려견을 마사지하면 암의 진행 속도가 빨라질 수 있고, 임신견은 하복부를 주의해야 하는데 마사지를 하다보면 하복부 자극으로 유산될 수 있다. 그러므로 임신한 반려동물의 하복부를 만지거나 마사지를 하지 말아야 한다.
식후 2시간이 지나지 않은 반려견 역시 마사지를 금하는 것이 좋다.

8

팻 로스 증후군

1. 펫 로스 증후군의 개념과 해결 방안

펫 로스 증후군의 개념은 삶의 동반자였던 소중한 반려동물이 먼저 죽음으로써 반려견주는 마치 자식을 잃은 정도의 상실감, 슬픔, 죄책감 등에 계속 빠져 있는 것이 회복되지 않아서 우울증으로 발전되기도 하고 일상생활에 지장을 겪게 되기도 하는 증상을 말한다. 이 증상의 극단적인 경우에 스스로 목숨을 끊는 경우도 있다.

반려동물과의 공생에 있어서 선진국인 미국, 유럽 등에서는 펫 로스 증후군으로부터의 회복에 대한 상담과 약물처방을 동반한 정신과 치료, 전문적인 심리 상담 프로그램 등이 잘 정착되어 있고, 사회의 전반적 인식도 이 증후군으로 인한 괴로움에 충분히 공감하여 반려동물의 죽음으로 괴로워서 직장에 휴가를 낸다고 해도 이해한다. 하지만 한국은 아직 반려동물의 죽음에 대한 충격에서 헤어나지 못하는 것에 대해 "네 부모님이라도 돌아가셨냐?", "동물이 죽은 거 갖고 뭘 그러냐? 다른 동물 또 데려다 키우면 되지."라는 위로가 아닌 상처가 될 말을 쉽게 한다. 한국에서는 펫 로스 증후군 회복을 위한 프로그램이 이제 조금 도입된 수준이고 사회적 인식 및 배려도 부족하다.

펫 로스 증후군의 해결 방안은 다음과 같다.

첫째, 반려동물은 원래 평균수명이 12~16세여서 반려견주보다 먼저 세상을 떠날 수밖에 없는 것을 받아들이고, 고령이 되어서 죽었을 경우에는 자연의 섭리인 것이라고 받아들이는 마음을 갖는다. 오히려 그동안 함께 즐겁게 지낼 수 있었음에 감사하는 마음을 갖는다.

둘째, 반려동물의 죽음을 한동안 마음껏 슬퍼하는 것이다. 이때, 슬퍼하는 기간이 장기간으로 길어지면 정신과 전문의 또는 전문 상담사와 만나볼 필요가 있다.

셋째, 반려동물의 죽음을 겪은 사람들과의 모임에 참석해서 감정을 표현하고 공유하는 것이다. 펫 로스 증후군에 대해 가볍게 치부하는 사람들과는 멀리하고 나의 감정을 공감해 주고 위로해 줄 수 있는 사람들과 대화하는 것이다.

넷째, 사랑하는 가족이 죽었을 때 장례식을 치르는 것처럼 반려동물의 죽음에 대한 의식을 치루는 것이다. 요즘 우리나라에서도 반려동물 장례서비스업체, 장례식장이 생기고 있다. 반려동물의 시신을 염하고 수의를 입혀서 관에 넣어 화장하여 유골함을 안치하는 과정을 통해 반려동물을 마음속에서 떠나보내는 효과가 있다.

2. 반려견을 떠나보내는 슬픔

다음의 이야기들은 '반려동물과 헤어졌을 때의 감정이 이 정도이다.'라는 것을 전달하고자 저자가 직접 겪은 사랑하는 반려견과 이별을 겪었을 때 들었던 상실감, 괴로움을 써 본 것이다.

1) 집을 나간 초코

저자는 아파트에서 산다. 사는 곳 근거리에 작은 농장과 텃밭이 있는데 닭이 약 40여 마리, 진돗개가 4마리이고 발발이가 2마리였다. 발발이 암놈은 이름이 '똘이'인데 입양된 지 10년이 됐고 농장에서 최고 어른으로서 농장을 아주 잘 지킨다.

다음으로 진돗개인 '은비'가 있다. '은비'는 현재 4살인데 아주 순하고 약간 미련한 구석이 있지만 나름대로 농장에서 자기의 위상을 세우며 살아간다. '은비'는 아들 하나, 딸 둘을 두었는데 '도경'이, '산하', '꽃님이'다. '도경'이는 수컷이고 '산하', '꽃님이'는 암컷인데 나이는 모두 1살이다.

'은비' 나이와 비슷한 '초코'는 진돗개와 발발이가 교미한 믹스견인데 수캐이다. 개들은 습성을 서로 비슷한 종들끼리 잘 어울리는데 서로 의지하기도 하고 때로는 서열싸움을 하기도 한다. 잘 어울리는 경우는 덩치가 비슷한 개들끼리 잘 어울린다.

또한 수캐와 암캐는 대부분 서열싸움을 하지 않는다. '초코'와 '똘이'는 서로를 의지하는데 특히 한 겨울에는 '초코'와 '똘이'가

서로 부둥켜안고 자면서 의지하고 지냈다. 그런데 2주 전에 '초코'가 농장을 나가 아직도 돌아오지 않고 있다. 저자는 '초코'가 죽었을까 살았을까 걱정을 했다. 해외에 나가거나 지방 출장 외에는 눈이 오거나 비가 와도 저자는 이른 새벽에 일어나서 농장을 간다. 새벽에 "초코야! 초코야! 어디 있니? 할아버지가 왔다!"라고 초코를 불러봤지만 '똘이'만 저자의 무릎을 붙잡고 안아 달라고만 했다. 저자는 '똘이'에게는 아빠이고 '초코'와 '은비', '은비'가 낳은 '도경', '산하', '꽃님이'에게는 할아버지이다.

　사라진 '초코'의 애비는 진돗개이고 어미는 발발이 종이었는데 '초코'는 몸통은 작았지만 머리가 크고 상악골과 하악골이 짧았으며 상대적으로 혀가 길어 잠잘 때는 혀가 입 밖으로 나와 그 모습이 아주 귀여웠다. 발목과 뒷다리 근육 또한 대형견과 견주어 볼 수 있었고 농장에서 최고 어른인 '똘이'와도 잘 어울렸다.

　머리가 큰 '초코'는 그 모습을 더 이상 볼 수 없다. 오늘은 주말이라 농장에 있다. 삼복더위의 농장은 많이 덥다. 저자는 이 글을 쓰면서도 소리가 나면 '초코가 왔나?' 하고 밖을 내다본다. '똘이'가 저자를 반겨주지만 외로운 표정만 하고 있어 내 마음은 너무나 편치가 않다.

　'똘이'는 밖에서 더운 날씨인데도 내내 기다리고 이리 갔다 저리 갔다 하며 '초코'를 기다리는 눈치이다.

　'초코'가 농장 주변 먼 거리까지 나가지는 않은 것 같은데 수캐라서 농장 주변의 암캐들에게 발정이 났는지 벌써 2주째 돌아오지 않고 있다. 다른 암캐와 교미할 때 혹시 잡힌 건 아닐까 하는 생각도 든다. 암캐에게 구애하기 위해서 수캐들은 얌전해진다. 이 틈을 이용하는 못된 사람이 있다면 초코는 잡혔을 것이다. 안타까운 마음을 넘어서 우울해지고 절망스러워 혼잣말을 하게 된다.

"아! 초코야, 왜 안 오는 거니? 똘이가 네가 없어 더 힘들어 하는 것 같아서 똘이 앞에서는 너를 부를 수가 없다."

2) 죄책감과 상실감

'똘이'는 입양된 지 10년이 된 것 같다. '똘이'는 영리하다. 농장에는 '똘이'보다 더 먼저 입양된 아이들이 있었다.

12~13년 전 지금은 고인이 되신 농장 윗집에 사시는 아저씨가 '쿤'과 '단'이라는 아이들을 길러 보라고 하셔서 농장에서 처음으로 기르기 시작했다 '쿤'은 수컷이고 '단'은 암컷이었다. '쿤'은 엄살이 심했고 '단'은 애교가 많았다. 입양된 후 2년쯤 지났을까 '단'이 아프기 시작했고 동물병원에 가 봐도 별로 특별한 진단이 안 나왔다. 잘 먹지 않고 점점 허약해져 갔다.

새벽 5시에 일어나서 아내가 깰까 봐 살금살금 나와 농장에 혼자 간다. 농장에는 대부분 혼자 간다. 아내가 그날은 왠지 함께 가겠다고 따라나섰고 농장에 오자마자 나는 '단'이에게 뛰어갔다. '단'이가 무척 힘들게 호흡을 하고 있었다. 아마도 그때까지 살아 있던 이유는 나를 기다렸던 것 같았다. 나는 '단'이를 끌어

안았지만, 약 5분이 지난 후 '단'의 호흡이 멎었다. 저자는 즉시 심폐소생술을 시행했지만 '단'이는 더 이상 반응이 없었다.

다시 '단'이를 끌어안은 채 대성통곡을 하면서 저자는 독백을 했다. '단이야. 다음 세상이 있다면 개로 태어나서 아빠의 자식이 되지 말고 사람의 자식으로 태어나거라.'

이렇게 '단'이가 죽고 나서 '쿤'이가 외로워서인지 내가 아이들을 잘못 길러서인지 '쿤'이도 '단'이를 따라서 저 세상으로 갔다.

'단'이와 '쿤'이가 저승으로 가는 무지개다리를 건너게 해서 난 죄책감이 왔다. 아이들을 지키지 못한 데서 오는 죄책감으로 두 아이들이 가고 나서 허탈하고 허무하기도 하여 한동안 농장에 가기 싫은 적도 있었다. 그 아이들이 무지개다리를 건넌 지도 10년이 훌쩍 지났는데도 아직도 눈에 선하다. 그 후 2년이 지났을까 농장 옆집 아저씨가 '똘이'를 길러보라고 주셨는데 '똘이'는 지금까지 잘 지내고 있다. 그런데 요즘에는 '초코'가 농장으로 돌아오지 않고 있어서 그런지 '똘이'가 이상하다.

이른 아침에 농장에 가면 '똘이'가 자꾸 응석을 부린다. 꼭 붙어서 지내던 '초코' 녀석이 2주 전에 농장을 나가 돌아오지 않은 후부터 가끔 안절부절 못하고 농장 앞을 서성거리면서 '초코'를 기다리고 있는 모양새이다. '초코'가 나간 일 말고도 '똘이'는 지금 몸 상태가 좋지 않다. 3년 전에 '똘이'가 임신을 하여 거의 만삭 때 무슨 일인지 유산을 한 뒤부터 오른쪽 유방에 종양이 생겼는데 어른 주먹 크기의 두 배 정도로 크다. 나는 수의사에게 수술을 해달라고 했지만, 나이도 있고 '똘이'가 체력적으로 수술을 버틸지 장담할 수 없다고 하여 나는 수술을 포기하고 매일 마사지를 해 주었다. '똘이'가 몸 건강 상태도 안 좋은 상태에서 '초코' 때문에 심리적으로 불안해하는 것 같아서 걱정이 이만저만한 게 아닌데 요즘 응석만 부리고 눈가에는 눈물이 고인 것처럼 보인다.

그래서 심신의 안정을 위해 매일 마사지를 해 주고 있지만 농장 일을 하고 다시 집으로 올 때에는 이 녀석이 눈에 아른거려 발길이 떨어지지 않는다.

난 마음속으로 '똘이'에게 이렇게 이야기한다. '똘아. 아빠가 너에게 몸 반쪽이라도 놓고 갈까?'라고 하면서 농장을 나선다. '초코'가 없어지고 나서 지금 이렇게 심적으로 힘든데 혹시라도 '똘이'에게 무슨 일이라도 일어난다면 내가 마음을 추스를 수 있을까?

모든 1000만 반려견주들도 나와 같은 생각이 들 것이다.

12년 전에도 '단'이와 '쿤'을 하늘나라로 보내는 데도 정말 많이 힘들었고 펫 로스 신드롬에 걸려 힘들었는데, 현재 저자가 타인에게 펫 로스 증후군을 상담해 주면서도 정작 또 겪게 되는 것이 아닌가 싶어 걱정이 앞선다.

9

반려견에 대한 궁금증

1. 반려견 훈련, 위탁 훈련이 좋을까, 방문 훈련이 좋을까

최근 반려견을 키우는 사람이 많이 늘어나고 수많은 정보를 쉽게 얻을 수 있게 되면서 반려견을 키우는 사람들이 항상 하는 고민은 '어떻게 우리 댕댕이를 예의 바르고 멋진 개로 키울 수 있을까?'이다. 이는 새로 입양을 한 사람이나, 여러 번 반려견을 키워본 사람이나, 현재 반려견의 행동 문제로 고생하는 사람이나 모두 공통적으로 하는 고민이다. 과거에는 반려견 훈련은 개인이 기르는 개가 아닌 경찰견, 군견 같은 특별한 목적견만의 영역으로 생각하던 시절이 있었으나, 현재 많은 사람들이 반려견을 키우면서 반려견 훈련은 일상의 영역까지 진출해 있다.

반려견을 훈련시키는 방법은 여러 가지이지만 크게 두 가지로 볼 수 있다. 그중 하나는 본인이 직접 교육을 시키는 것으로 시도하기도 쉽고 많은 사람들이 시도해 보는 방법이다. 또 다른 하나는 전문가에게 위탁하여 교육을 시키는 방법이다.

전문가에게 위탁시키는 방법은 일반적으로 위탁 훈련과 방문 훈련이 있는데 반려견주의 취향이나 반려견의 상태에 따라서 각각 장단점이 있다. 일부 훈련사들은 방문 훈련을 아직 실력 없는 훈련사들이 하는 일이라 폄하하기도 하고, 어떤 이들은 방문 훈련의 장점은 과장해서 부각하고 위탁 교육의 단점을 혹평하기도 한다. 이런 이유로 반려견주들의 판단을 어렵게 하고 있다.

결론만 이야기한다면 우리가 반려견을 교육시키려고 하는

대부분의 문제인 흥분, 공격성, 배변 문제 등은 위탁 훈련에 비해 방문 훈련이 더 효과가 좋은 경우가 많다. 그 이유는 문제행동의 대부분은 불안과 흥분에 의해서 생겨나는 경우가 많은데, 가정에서 기르는 반려견의 대부분은 가족들과 생활환경에서 생기는 경우가 많기 때문에, 그 문제를 외부에서보다는 가정 내에서 해결해야 효과가 좋은 경우가 많기 때문이다. 물론 위탁 훈련을 해도 상태가 호전되기는 하지만 개의 문제행동은 대부분 반려견주의 잘못된 행동에서 나오는 경우가 많기 때문에 다시 집으로 돌아왔을 때 문제가 재발되는 경우도 많이 있다.

그럼 방문 훈련이 더 좋은 것인가? 꼭 그런 것만은 아니다. 초반에 이야기한 것처럼 서로 장단점이 있기 때문에 방문 훈련이 보다 유리한 증상이 있는 것처럼 위탁 훈련이 더 도움이 되는 증상도 있기 때문이다. 예를 들면 대표적으로 사회화교육, 산책 중 문제행동교육과 같은 교육은 위탁 훈련이 보다 효과적인 경우가 많다. 즉 집안에서의 관계, 반려견주와의 관계와 같은 교육은 방문 훈련이 유리한 반면, 외부 활동 및 외부 환경과 관련된 문제의 경우는 위탁 훈련이 유리하다고 할 수 있다. 물론 방문훈련이 외부 환경과 관련된 교육을 못하거나 반대로 위탁 훈련이 집안에서의 문제에 대한 교육을 못한다는 것이 아니다. 보다 효과적일 수 있다는 것일 뿐이다.

2. 반려견의 중성화와 불임 시술은 하는 것이 좋은가

중성화라고 표현을 하지만 당연히 중성이 되는 수술이 아니다. 소위 말하는 거세 수술이지만 단어의 부정적인 느낌으로 인해 표현을 달리하여 중성화라고 할 뿐이다. 이 중성화에 관한 논쟁의 중심은 바로 동물권이다. 본인 의사와 상관없는 중성화 수술은 동물의 권리를 침해하는 학대에 해당한다는 것이다. 하지만 또 다른 반론도 만만치 않다. 중성화 수술을 통해서 얻을 수 있는 장점이 비단 반려견주에게만 국한된 것이 아니라는 주장이다. 대표적으로 질병의 확률을 낮춰 주고 성욕을 재외한 부분에서의 삶의 질을 높혀 준다는 것이다. 또 어떤 연구에 따르면 수명이 1.5년 정도 늘어난다는 연구도 있다. 이 연구의 신뢰성이 낮다는 평을 듣기는 하지만 거의 10퍼센트의 수명 연장이라면 무시할 만한 수치는 아니다.

반려견 문화가 오래된 서유럽과 북유럽의 경우 다수의 나라에서 중성화 수술을 동물 학대로 간주하고 있다. 그에 비해 반려견 문화로 유명한 미국의 경우에는 중성화 수술이 의무 사항으로 되어 있다. 결국 선진적 반려견 문화를 가진 나라에서도 서로 다른 해석을 하고 있다고 할 수 있다. 일반적으로 반려견을 키우는 법적 절차가 어렵게 되어 있는 나라에서는 중성화를 반대하고 그렇지 않은 나라에서는 중성화를 권장하는 추세라 할 수 있다. 사실 중성화의 가장 큰 사회적인 이유는 번식을 제한하고 컨트롤 할 수 있게 해서 유기되는 동물의 수를 줄이는

데 그 목적이 있다 할 수 있기 때문에, 쉽게 반려견을 키울 수 있는 사회에서는 중성화를 통해 번식을 제한하는 것이다. 반면 반려견을 키우는 것 자체가 힘든 국가에서는 동물의 권리를 보다 존중해도, 어려운 과정을 통과해 반려견을 키우는 반려견주들이 유기와 번식을 스스로 제한할 수 있는 환경이 만들어져 있다고 보아야 할 것이다.

그럼 우리는 과연 중성화를 하는 것이 좋을 것인가?

결론적으로 반려견주의 입장에서는 하는 것이 좋다. 반려견의 입장에서는 장단점이 분명히 존재하지만 반려견의 권리와 학대라는 점만 배제하면 꽤 많은 장점이 있는 것도 사실이다.

암컷의 경우 불임 수술이 개의 심리와 행동에 상당한 영향을 미친다는 오해가 많다. 불임 수술로 인해 성격이 극단적으로 되고 살이 심하게 찐다는 것인데, 사실상 불임 수술로 성격에 미치는 악영향은 거의 없다. 오히려 사람과 함께하기에 더욱 원만한 성격으로 변하게 된다. 식욕이 증가하고 운동량이 줄어드는 문제가 있기는 하지만 이는 반려견주가 식사량과 운동량을 조절하는 것으로 쉽게 해결이 가능한 정도의 문제이다. 그리고 생식기로 인한 질환이 사라지고 생리나 출산 문제로 고민할 필요도 없어진다.

수컷의 경우에는 무기력해진다는 이야기가 있지만 사실상 그렇지 않을 뿐만 아니라 수컷이 보이는 상당수의 문제행동이 크게 줄어들게 되고, 성격도 사람과 함께하기 좋아진다. 특이한 점은 대다수의 동물들은 중성화로 인해 2차 성징이 소실되는 경우가 많은데 개의 경우에는 수컷의 특징 및 사회성 측면에서 거의 달라지는 점이 없다. 수컷 역시 생식기로 인한 질환이 사라지고 공격성이 줄어드는 장점이 있다.

3. 반려견을 사랑하는 문화인은 목줄 대신 가슴줄을 이용한다. 과연 맞을까

반려동물의 복지가 중시되는 요즘 반려견을 키우는 사람들이 심리적으로 목줄이 가슴줄보다 반려견의 권리를 무시하는 것처럼 느끼기 때문에 반려견을 아끼는 마음에 가슴줄을 선호하고 있다. 그래서 요즘은 반려견 용품점에 가면 목줄보다는 가슴줄을 더 쉽게 볼 수 있다. 과연 가슴줄을 매면 반려견을 더 사랑하는 것이고 목줄을 매면 반려견을 학대하는 것일까?

우리가 반려견을 키우면서 가장 자주 하는 실수 중 하나가 반려견을 의인화한다는 것이다. 누군가가 내 목에 줄을 달고 다닌다면 자존감에 큰 상처를 입을 것이고 엄청나게 불편하기도 할 것이기에 내가 사랑하는 반려견도 그럴 거라고 쉽게 생각한다. 특히 가슴줄은 요즘 가끔씩 보이는 육아용품으로 가방에 끈이 매여서 부모가 잡을 수 있게 되어 있는 것도 있고, 가슴줄이라면 목보다 아무래도 덜 불편할 것 같고 해서 목줄의 대안으로 가슴줄을 이용하곤 한다.

원래 가슴줄은 서양에서 건강상의 문제가 있는 개나 썰매 등을 끌던 사역견들이 사용하던 보조 기구이다. 많은 동물들이 가슴줄을 채우게 되면 앞장서서 이끌려고 하는 본능을 드러낸다. 개 역시 마찬가지라 가슴줄을 채우게 되면 이끌려는 본능이 발현하기 쉽다. 그리고 개의 세계에서는 앞에서 리드하는 개체가 우두머리로 인정을 받는다. 결국 개가 반려견주보다 자신의 서열이 더 위라고 생각하게 되는 알파증후군이 생기기 쉽다. 개에게 알파증후군이 생기게 되면 수많은 문제행동이 일어나기 때문에 결과적으로 반려견주가 목줄을 사용하지 않는 문화인이 되는 대신 개의 삶의 질이 크게 떨어지는 결과가 나타나게 된다. 그래서 가슴줄은 아주 훈련이 잘된 개이거나 나이가 많은 개, 건강상에 이유가 아니면 사용하지 않는 것이 좋다.

그러면 우리의 사랑하는 반려견이 목줄을 좀 더 편하게 찰 수 있게 하려면 어떻게 하는 것이 좋은가? 우선 우리의 반려견들은 목줄로 인해 자존심이 상하거나 하지 않기 때문에 심리적인 부분은 걱정할 필요가 없다. 다만 좀 더 쉽게 적응할 수 있게 해 주면 반려견이 적응 과정에서 힘들어 하는 일이 없을 수 있을 테니 좋을 것이다. 목줄을 처음에 착용할 때는 끈을 당기지 말고 스스로 마음대로 돌아다니도록 해 준다. 이렇게 적응의 시간을 가지고 나면 산책할 때도 자기 마음대로 움직이면 목이 아프다는 것을 깨닫고 반려견주의 리드를 따르게 된다. 단지 목줄을 착용한 것만으로도 반려견주의 리드를 깨닫고 복종하는 성향이 강해질 수 있다.

4. '세상에서 가장 똑똑한 개 순위'는 믿을 수 있을까

우리가 반려견을 키우다 보면 '우리 개는 정말 영리해.'라는 말을 자주 하게 된다. 이미 개를 키우고 있는 사람은 사랑하는 반려견이 다른 개들보다 똑똑하면 나의 반려견이 대견스럽기도 하고 기분도 좋을 것이다. 새로 개를 키우는 사람은 '이왕이면 똑똑한 개가 더 키우기 쉽지 않을까?'라는 생각을 가지고 더 똑똑하다는 개를 찾기도 한다. 그래서인지 유기견 보호소에 가면 많은 견종이 똑똑하기로 유명한 견종이며, 심지어 똑똑한 개 1위로 유명한 보더콜리도 유기견 숫자 탑5 안에 들어간다고 한다.

똑똑한 개를 선호하는 사람들의 본성 때문인가? 인터넷에서 '똑똑한 반려견 순위' 같은 것을 검색하면 아주 쉽게 개 품종에 따른 지능 순위를 찾을 수 있다. 이 순위는, 컬럼비아 대학의 코렌 교수가 학습 및 문제해결 능력, 본능적인 지능, 복종 능력 등 세 가지 항목을 중심으로 테스트해서 견종별 지능 순위표를 만들었는데, 그것을 기반으로 한 것이다.

하지만 이 테스트는 대부분 사람의 명령을 얼마나 빨리 인지해서 실행할 수 있는지를 평가하는 것이 중요한 역할을 하지만, 이 테스트를 하는 과정에서 개의 기질, 환경, 컨디션 등 개가 사람의 명령을 수행하는 데 큰 영향을 미치는 사항들이 체크가 되지 않은 문제가 있다.

테스트를 받은 다른 견종들도 모두 같은 조건이라고 반문할 수도 있겠지만, 기본적으로 개의 지능도 같은 견종이라 해도 개체에 따라서 차이가 크고 사람과 소통을 잘해야만 똑똑하다고 단언할 수도 없다. 결국 이 순위는 지능의 순위보다는 대체로 집중력이 있고 예민하면서 사람과 교감능력이 뛰어난 개들이 상위권을 차지하고 있다.

 결국 개를 키울 때는 개의 지능 순위보다는 개의 기질과 성향이 내가 키울 수 있는 조건에 맞는가가 더욱 중요하고 할 수 있다.